감10 창호
GARM ISSUE 10 WINDOW

초판 1쇄 발행 2019년 3월 20일
초판 3쇄 발행 2023년 2월 22일

발행인	윤재선
편집장	심영규
에디터	정신오, 정경화
디자인	스튜디오 베이스
사진	이수연
교정·교열	하명란
발행처	에잇애플(주)
출판등록	2017. 4. 14.(제2017-000078호)
주소	06580 서울특별시 서초구 서래로6 B1층
전화	02-537-1536
팩스	02-537-1532
전자우편	info@8apple.kr
홈페이지	garmmagazine.com
SNS	garm_magazine
	garmssi
ISBN	979-11-89485-06-1
	979-11-89485-05-4(세트)

· 파본이나 잘못된 책은 구입처에서 바꾸어 드립니다.
· 이 책은 저작권법에 따라 보호받는 저작물이므로 무단전재와 무단복제를 금지하며, 이 책 내용의 일부 또는 전부를 이용하려면 반드시 사전에 저작권자와 출판권자의 서면 동의를 받아야 합니다.
· 책값은 뒤표지에 있습니다.

Printed in Seoul, South Korea
All rights reserved. No part of this publication may be reproduced, stored in a retrieval system, or transmitted in any form or by any means, electronic, mechanical, photocopying, recording, or otherwise, without prior consent of the publisher.

감씨는 에잇애플에서 발행하는 건축재료 단행본 시리즈의 브랜드입니다.

GARM

감 매거진
열 번째 재료
창호

WINDOW

garmSSI

PROLOGUE
건축하는 부끄러움

잘못된 입시교육과 무지한 대학의 교육과정에 얽혀 시작된 나의 건축 인생은 아직도 그 실타래를 풀지 못하고 있다. 아마 평생 풀지 못할 거란 생각이 지배적이다. 하지만 여전히 대부분의 일상은 건축과 함께한다. 여기서 나의 고백이 시작된다.

생각해보면 내 건축의 잘못된 시작은 원론적인 탐구와 깊이 있는 교육에는 무관심한 입시교육이 만들어낸 산물이다. 건축이 뭔지 모르는 상태에서 전공과 직업으로 택한 것이 부끄러움의 시작이다. 해외 매체에서 접하던 르 코르뷔지에Le Corbusier, 알바 알토Alvar Aalto 그리고 알바로 시자Alvaro Siza 등 스타 건축가의 겉모습에 취해 이들을 동경하던 명예욕은 건축을 정면으로 겪으며 보내야 할 시간을 앗아간, 내 두 번째 부끄러움이다. 본질을 벗어난 내 일상은 헛바퀴 도는 듯했다. 건축을 하면 할수록 미궁에 빠져드는 모습에 그 부족함이 무엇인지 깨닫지 못하는 나 자신은 아직도 그 자리 그대로다. 여기서 세 번째 부끄러움을 느낀다.

멋에 치우쳐, 진정성 없이 만들어진 공간 곳곳에서 층층이 쌓인 내 부끄러움을 발견한다. 연구하여 만들고 재창조하는 태도 없이 설계하고 감리한 공간에는 무던함의 '나태', 모름의 '무지', 그리고 이 정도면 될 거라는 '적당'이 뒤섞여 있다. 본질을 유지하면서 시대에 유연하게 적응해나가는 시대정신은 찾을 수 없다.

그렇다고 경제적으로 성공했는가? 직원들에게 급여를 지급할 때도, 외주 업체의 용역비를 깎을 때도 부끄러움이 피부병처럼 몸속 깊은 곳에서 스멀스멀 올라옴을 느낀다. 건축의 본질을 알려 하지 않았음에 얼굴이 뜨겁고, 또 지혜를 온전히 전해 줄 수 없음에 부끄럽다. '나는 왜 아직도 건축하고 있는가'란 스스로의 질문에 답하지 못하며 자존감마저 떨어져 그렇게 나는 어설픈 건축가가 되어 있었다.

건축의 본질과 공간을 만드는 것의 의미, 그리고 시간을 허비하지 않고 인생의 실수를 줄이는 방법에 대해 고민해본다. 나뿐만 아니라 건축을 하고자 하는 다른 이들에게 좋은 환경을 희망해본다. 건축의 본질을 볼 수 있고 건축의 행위를 통해 서로의 역량을 나눌 수 있고, 후배들을 양성하며 사회에 기여할 수 있는 생태계를 구상해본다. 수많은 분야로 나누어져 있는 건축 정보를 통합하여 시각이 다른 이들이 객관적인 과정을 통해 서로가 관계되어 있음을 알 수 있는 건축환경을 그려본다.

이 책은 실무를 하며 실질적으로 필요했던 재료의 선택, 가공, 제작, 유통 등 부족함을 잡아줄 내용을 추려보고 독자에게 영감을 주고자 기획했다. 경제적인 욕심과 근심에 눈이 가리곤 하지만, 다시 본질에 충실하고자 다짐한다. 이렇게 시작은 미비하지만 일단 시작했으므로 그다음이 있기를 기대한다. 내가 느끼는 부끄러움이 눈을 뜨이게 하는 원동력이 되기를 바라며 감 매거진의 새로운 시리즈를 선보인다.

_
2019년 3월
발행인 윤재선

EDITORIAL LETTER
건물의 '얼굴'과 '눈'

감 매거진 시즌4는 하드웨어다. 지금까지 건축 '소재'에 집중하던 눈을 '하드웨어'로 돌렸다. 수많은 하드웨어 중에서 건축 공사에서 가장 큰 비중을 차지하는 '창호'와 '조명', '빌트인 가구'를 선택했다. 비중은 공사비를 의미하기도 하지만, 공간의 품질과 결과를 좌우하는 중요도를 뜻한다.

하드웨어는 하나의 소재로 단정할 수 없다. 조명은 고도의 조명 계획과 기기가 필요하고, 빌트인 가구 역시 설계뿐 아니라 목재, 금속과 같은 소재 그리고 연결 철물이 결합한 첨단의 산물이다. 창호는 유리뿐 아니라 목재, 알루미늄, PVC, 고분자 복합체 등 다양한 재료와 첨단의 기술이 모인 현대건축 기술의 결정체다. 창호는 눈, 비와 같은 외부 환경으로부터 실내를 보호하고, 태양 빛과 열을 들이고 외부를 조망하는 눈이다. 건축물의 외관과 인상을 결정하는 얼굴이 되기도 하며, 음환경과 공기 환경에도 큰 영향을 미친다. 더군다나 방수와 결로, 단열에 직접적인 영향을 주기도 하니 어찌 중요하지 않을까.

우리는 이 전문적인 내용을 쉽게 풀어줄 수 있는 전문가를 모았다. 창호 관련 정책을 주도해 만드는 한국건설기술연구원의 강재식 선임 연구원과 한국패시브건축협회의 최정만 회장 그리고 파사드 엔지니어링 컨설턴트인 브이에스에이 코리아의 김나리 공동대표의 글은 창호의 기초부터 현 쟁점까지 속 시원하게 읽힐 것이다.

생산과 유통 시장에도 주목했다. 최근 유리의 면적은 점점 더 넓어지는 반면 지지하는 틀은 점점 더 얇아지고 있다. 이미 유럽에서는 시야가 탁 트이는 '프레임리스' 파노라마창이 발달했다. 반면 국내 창호 시장은 해외에 비해 기술 개발이 더디다. 국내 건축 문화의 특성상 겨울철이 춥고 건조해 독일이나 북유럽과 같이 밀폐성이 높은 창이 필요하지 않았다. 미세기창이 발달했고, 유리 대신 창호지를 썼다. 또한 획일적인 아파트로 대변되는 주거 환경이 보편화하면서 저렴하고 단열 성능이 좋은 PVC이중창이 시장을 점유하게 된다. 결과적으로 중화학공업 중심의 대기업이 전체 창호 시장의 80%를 점유하고 소비자는 점점 선택의 여지를 잃게 된다. 우리는 시장을 넓히는 업체를 주목했다. 30년 전 국내에 처음 시스템창호를 도입한 이건창호, 고급 독일 PVC프로파일을 가져와 조립해 생산하는 에스알펜스터와 레하우, 척박한 국내시장에서 고급 파노라마창에 도전하는 위드지스 그리고 시공사, 건축가가 의기투합해 만든 프레임워크까지. 이들의 행보를 추적했다.

앞으로 건축에서 창호가 차지하는 비중은 점점 커질 것이다. 단순히 창호가 비바람을 막는 유리벽을 의미하던 시대는 끝났다. 이제는 창 하나로 미세 먼지도 거르고, 겨울철 건조한 외부의 공기와 습도가 높은 실내 공기를 순환하며, 태양열로 에너지를 생산하는 등 실내 환경을 쾌적하고 풍성하게 만드는 시대가 올 것이다. 이제 고성능의 창을 통해 넓은 세상을 보는 아름다운 눈을 가지자.
_
편집장 심영규

1925년 커튼월 공법을 적용해 지은 독일 데사우Dessau의 바우하우스Bauhaus. 이곳을 설계한 건축가 발터 그로피우스Walter Gropius는 작업 공간에 많은 빛을 공급하기 위해 4층 규모의 실습실을 유리벽으로 마감했다.

아랍 에미리트 아부다비에 위치한 루브르 아부다비. 지름 180m에 달하는 거대한 돔 형태의 지붕은 스테인리스 스틸, 철, 알루미늄 등 약 7,500t의 금속으로 제작되었다.

창은 넓은 면적과 다양한 형태를 충족할 수 있도록 기술의 발전을 거듭하고 있다.

GARM Magazine   10 Window   CONTENTS

32

72

14   1. STORY OF WINDOW

16   History of Window 창호의 정의와 역사
20   Composition of Window 창의 기능과 구성
26   Types of Window 창의 종류와 분류
32   Reportage 국내 시스템창호의 역사와 현재: 이건창호 유통사업부 곽남곤 이사

38   2. ISSUE OF WINDOW

2.1   Function and Issue of Window   창호의 기능과 이슈

42   Grade of Window 어려운 창호등급제 쉽고 정확하게 이해하기
46   Policy of Window 국내 창호 관련 정책의 쟁점을 묻다

2.2   Distribution of Window 국내 창호의 유통

54   Issue of Window 국내 창호 업체와 유통의 쟁점
60   Problems of Window 왜 모두 똑같은 창호가 있는 집에서 살게 되었나?

2.3   Selection of Window 창호 선택 기준

68   Maintenance of Window 창호의 선택과 유지보수
72   Interview PVC 시스템창호를 만나다: 레하우 안재영 이사, 에스알펜스터 박세민 대표
80   Interview 시공사와 건축가가 함께 만들다: 프레임워크 조성옥·한상우 대표
86   Interview 프레임리스창에 도전하다: 위드지스 김광호 대표

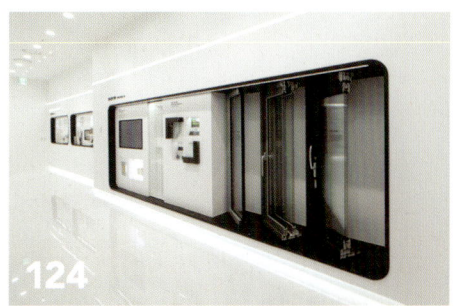

92 3. WORKS WITH WINDOW

3.1 Apply of Window 창호의 계획과 적용
96 Interview 수공예적으로 창을 적용하다: 사무소효자동 서승모 대표
104 Interview 창과 빛으로 조각하다: 바이아키 디자인스튜디오 이병엽 대표

3.2 Construction of Window 창호의 시공
114 Installation of Window 올바른 창호 시공 알아보기
118 Tips for Window 건축주가 알아두면 좋은 창호 시공 팁

3.3 Window Technology 미래 창호의 개발과 기술
124 Future of Window 국내 창호시장의 변화와 미래를 예측하다
128 Interview 미래 창호를 고민하다: LG 하우시스 연구소 김종태 연구위원
132 Interview 시장의 변화에 따라 진화하다: 이건창호 R&D센터 이태헌 팀장

136 4. SUPPLEMENT

138 보고 만지고 경험하는 창호
146 창호 제작사가 추천하는 대리점

1

STORY OF WINDOW

1.1 History of Window
1.2 Composition of Window
1.3 Types of Window
1.4 Reportage

History of Window

창호의 정의와 역사

창호(窓戶, window and door)는 건축물의 바닥, 벽, 지붕에 설치하는 개구부(開口部)를 통칭하는 말로 창(窓, window)과 호(戶, door)의 복합어다. 일반적으로 유리면으로 차단하여 채광과 환기를 조절하는 창, 통로와 연결된 개구부를 개폐가 가능한 판재로 사람의 출입을 조절하는 호로 구분한다. 창호는 건축물의 개구부에서 여러 목적으로 관리하기 위해 설치하는 건축자재 또는 기계장치를 의미한다. 글 남경숙(한양대학교 실내건축디자인학과 교수)

창호의 기원은 동굴에 거주하던 원시시대에 입구를 막아 바람과 눈 그리고 외부의 적으로부터 방어하던 데서 시작되었다. 건축 양식의 변천에 따라 전통적인 창호의 형식이나 형태를 갖추게 되고 새로운 고안과 용도에 따라 다양한 변화가 나타난다. 시대마다 주변과 문물 교류를 하며 기술이 발전, 전달되고 장인들의 솜씨가 연면히 이어져 점차 새로운 재료와 공법이 개발돼 오늘날에 이르렀다.

서양 건축에서 창과 문은 기능, 형태적으로 뚜렷이 구분된다. 채광이나 통풍과 조망을 목적으로 실내 환경을 관리하는 것을 창이라 하고 사람이나 물품이 드나들 수 있게 한 것을 문이라 한다. 반면 한국 건축에서는 창과 문의 경계가 모호할 때가 많다. 창 위에 덧대어 설치된 창호를 덧문이라 하고 벽체를 제외한 나머지 창호를 개구부라 한다. 일반적으로 소목(小木)들이 제작한다.

전통적인 창호는 개구부 바닥에 설치하는 높은 문지방인 **머름**[1]이 있는지 없는지를 기준으로 구분한다. 즉 머름이 있으면 창, 없으면 문이라고 한다.

전통 창호의 분류

창호는 지역의 기후와 기술 그리고 기술의 답습과 전달 범위 등 여러 조건에 따라 다른 형태로 개조되었고 지방마다 차이가 있어 그 종류를 명확히 구분하기는 쉽지 않다. 일반적으로 한국 건축에서 창호는 대부분 목조이고 창호지나 널이 주요한 구성재다. 창호의 분류는 개폐 방식이나 위치·용도, 구조·기능, 면 구성재, '살'의 모양, 형태, **울거미**[2] 재료 등에 따라 다양하게 구분된다.

상류 주택의 창호는 다른 계층보다 다양하고 창호의 면을 구성하는 목재살의 짜임새에 따라 종류를 구분한다. 미닫이나

빌라 사보아의 수평 띠창(좌)과 바우하우스에 사용된 커다란 유리 커튼월(상)은 현대 건축의 입면을 바꿨다.

장지로 사용되는 창호에는 아자(亞字)살, 완자(卍字)살, 용자(用字)살, 귀갑(龜甲)살, 숫대살 등을 사용했고, 대청에는 주로 불발기창이 다양한 형태로 변형되어 사용된다. 불발기는 가운데에 빛이 통과하는 광창을 달고 위아래는 벽지를 두껍게 발라 빛을 차단하는 분합문을 말한다. 분합은 문을 접어 들쇠에 매달 수 있는 문이다. 대청과 마당 쪽으로 난 창호는 분합문으로 하여 필요시 접어 들쇠에 매달았다. 일반적으로 안방이나 건넌방의 마당 쪽 창호는 완자살, 아자살이고, 사랑방에는 용자살을 그리고 그 위에 설치되는 덧문에는 띠살을 사용한다.

이제 문을 살펴보자. 양옆의 행랑채보다 지붕을 높게 올린 솟을대문은 권위의 상징이다. 조선시대 종2품 이상의 관리가 타던 수레인 초헌(軺軒)과 말이 드나들 수 있도록 문턱을 없애거나 '凹형'의 문턱을 두기도 한다. 대문의 바깥쪽에 **광쇠**[3]나 **국화쇠**[4]를 박고 문고리는 광쇠와 받침쇠를 함께 댄다. 중문은 보통 평대문으로 하나, 사랑채로 드나드는 대문은 솟을대문으로 하기도 한다. 마당과 마당 사이 담장에 많이 사용하는 **일각대문**은 기둥을 양쪽에 세우고 위에 지붕을 올린다.

띠살을 활용한 전통 창호.

중류 주택은 평대문에 안채로 들어가는 중문, 사랑채로 들어가는 일각대문이 있지만 서민 주택은 두 짝의 평대문으로 한다.

서민 주택의 경우 안방과 마루, 마루와 건넌방 사이에는 **외짝 지게문**을 달고 분합문으로 하지 않았다. 지게문은 마루와 방 사이의 문이나 부엌의 바깥문을 말하며, 흔히 경첩hinge을 달아 여닫는 문으로 안팎을 두꺼운 종이로 싸서 바른다.

부엌과 광에는 널빤지로 만든 **판장문**(板牆門)을 달고, 북쪽 벽에는 들창이나 살창을 달았다. 서민 주택은 대부분 홑창이나 이중창이며, 상류 주택은 삼중창, 궁궐은 사중창을 설치하기도 한다. 이렇게 여러 겹의 다중문일수록 방음, 환기, 단열, 채광 등에서 효율성이 높다고 할 수 있다.

현대 생활공간에 적용된 사례

전통 창호를 서구화된 현대 생활공간에 적용할 때는 그 양식이나 기법을 그대로 재현하거나 응용 혹은 변용하기도 한다. 금산주택(가온건축, 2011)이나 정동극장(금성종합건축사사무소, 1995), 개포동 국립국악고등학교(기오헌건축사사무소, 1988), 여의도 곳간 by 이종국(2016), 경기 성남 지노하우스(필립종합건축사사무소, 2011) 등은 한국의 전통 창호를 현재의 생활양식에 맞게 새롭게 응용해 문화적으로 세련되고 고급스럽다.

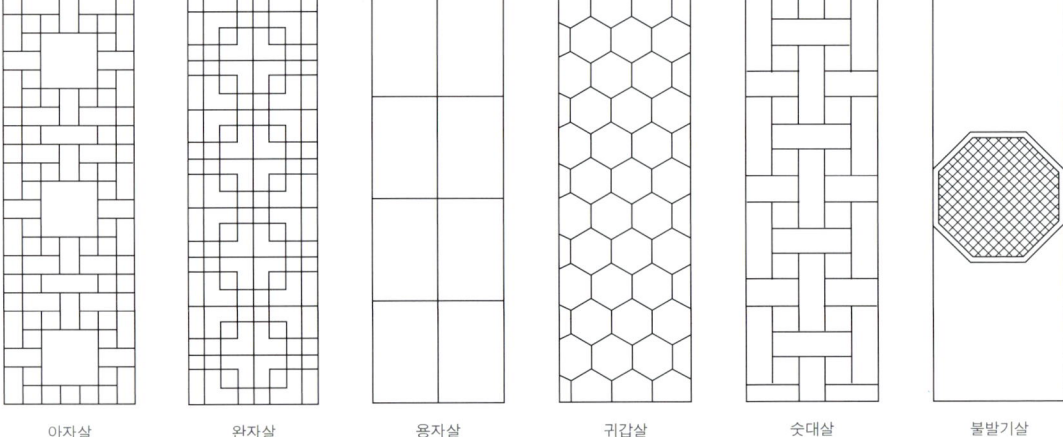

아자살   완자살   용자살   귀갑살   숫대살   불발기살

지노하우스는 한옥의 **툇마루**, 사랑방, 안마당을 하나로 연결한 동선과 전통 공간의 현대적 재구성 등 한국적 실내 공간을 체험할 수 있는 요소를 잘 표현했다.

금산주택의 불발기는 앞서 설명했듯이 널문 또는 종이를 두껍게 붙인 창문의 중간 일부에 채광이 되도록 완자살 등을 짜서 창호지를 붙인 것이다. 그러나 맹장지 대신 사용한 널문짝에 격자살을 사용한 팔각형 불발기를 조합하여 전통 불발기문을 새롭게 만들었다.

지노하우스는 한옥의 툇마루, 사랑방, 안마당을 하나로 연결한 동선과 전통 공간의 현대적 재구성 등 한국적 실내 공간을 체험할 수 있는 요소를 잘 표현했다. 목재와 전통가구, 소품이 조화를 이루어 현대적인 평면을 전통 한옥의 분위기로 담아냈다.

청담동에 있는 한식당 **다담**은 고즈넉한 고택의 밤 풍경이 느껴지는 공간으로 조선 사대부에서 모티브를 얻어 옛 정취를 표현했다. 이를 위해 전통 가옥의 돌담, 마당, 솟대, 우물, 도자기 등을 이용하였다. 내부 공간에서는 한옥의 '채'의 개념으로 각 실을 구성하고 한지와 조명을 함께 사용해 달빛을 상징하며 편안함을 연출하였다.

제주도에 있는 **오설록 티 뮤지엄**은 2001년에 개관한 국내 최초의 차(茶) 전문 박물관이다. 제주도의 여러 다원 중 서광다원의 입구에 위치한다. 입구 전시실에서는 배흘림 형태의 기둥이 동선을 유도한다. 현대적으로 해석한 만자살 문양을 전시대와 벽면, 천장 디자인에 적용하여 전통적인 분위기를 연출한다.

용어정리
1) 머름: 출입을 위한 문에는 설치하지 않는다. 높이는 30~45cm 정도로 사람이 팔을 걸쳤을 때 가장 편안한 높이로 만든다.
2) 울거미: 창호의 뼈대를 이루는 창틀
3) 괏쇠: 국화쇠의 준말
4) 국화쇠(괏쇠): 꽃무늬를 새겨 만든 장식 철판으로 배목의 받침이나 못 박은 자리를 가리기 위해 댄다. 부재를 관통하여 뒤로 삐죽이 솟아 나온 못의 뒤 뿌리를 감추기도 한다. 배목을 받치는 것은 받침국화쇠, 못자리를 감추는 것은 가림국화쇠라고 한다.

Composition
of Window

창의 기능과 구성

꽉 막힌 벽과 대조를 이루는 투명한 창문은 건물 외관의 중요한 구성 요소다. 과거에는 벽체가 외관의 형태와 질감을 주로 결정했지만, 근대건축 이후 유리와 창호 기술이 발전하면서 창호는 외벽과 대등할 정도로 외관의 개성에 주도적인 역할을 담당하고 있다.

글 편집팀

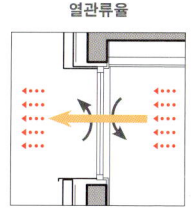
열관류율

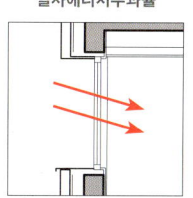
일사에너지투과율

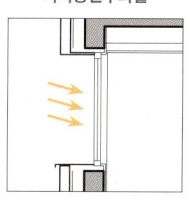
가시광선투과율

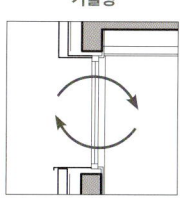
기밀성

창호의 성능을 결정하는 요소

창호의 분류

창호는 크게 창과 문, 셔터로 구분한다. 일반적으로 창은 사람이 출입하지 않는 창호를 지칭하며 조망, 자연채광, 자연환기를 목적으로 설치한다. 설치 위치에 따라 외부 공기와 접하는 **외벽창**과 실내 칸막이벽에 설치하는 **실내창**으로 나뉜다. 이 둘은 기능상으로 큰 차이가 있다. 건물 외벽에 설치하는 외벽창은 겨울과 여름의 온도 차가 큰 한국에서 온습도를 조절하는 필수적인 기능을 한다. 최근에는 단열 성능 등의 이슈로 더 중요해지고 있어 시스템창이나 창문과 문이 함께 구성된 **시스템창문** 제품이 일반화되고 있다. 문은 실내외를 잇는 **주출입문**, **실내출입문**으로 구분한다. 셔터는 기능에 따라 **방범셔터**, **방화셔터**로 나눌 수 있지만 이 책에서는 주로 창만 다루기로 한다.

창의 기능과 성능

외벽창의 기본 기능은 조망, 자연채광, 환기, 개폐다. 조망은 외부의 전망을 감상하고 자연채광은 실내의 밝기와 에너지를 조절한다. 환기는 실내의 오염된 공기를 방출하고 신선한 공기를 유입한다. 개폐는 필요에 따라 개방을 조정하는 기능으로 환기나 점검, 비상 탈출용이 있다. 열리는 방향에 따라 실내쪽 개방과 실외쪽 개방으로 구분한다.

창호의 성능을 결정하는 요소로 **단열성**insulation이 있는데, 내외부의 열을 차단하는 성능으로 건물이 들어서는 지역의 기후에 적합한 에너지 절약 계획에 따라 적정한 단열성능을 검토해야 한다. 특히 유리와 창호의 단열성을 살펴봐야 하는데 이를 **열관류율**로 표시한다. 뒤에서 상세히 다룬다(p.43 참고). 유리는 기본적으로 복층유리이며 창틀은 두껍고 단면이 여러 개의 격실로 나눠진 것이 단열성이 좋다.

기밀성air tightness은 압력 차가 발생하는 조건에서 공기의 흐름을 억제하는 성능을 말한다. 실내외의 온도 차나 풍압에 의해 내외부의 압력이 생기면 창문면과 창틀, 창틀과 창문틀의 틈새로 공기가 빠져나가게 된다. 이로 인해 외부의 더운 열이 들어오거나 내부의 따뜻한 열이 나간다. 창은 이 같은 현상을 억제해 실내 환경을 쾌적하게 유지하도록 한다. 단위는 m^3/m^2h로 표시한다(p.44 참고). 기밀성은 대류와 전도로 인한 에너지 손실에 중요한 영향을 미친다. 우리에게 익숙한 미세기창보다는 여닫이창가 기밀성이 우수하다. 창호에너지등급제 시행으로 단열성과 기밀성을 바로 확인할 수 있다(감08 유리편 p.45 참고). 반면 기밀 성능에 대한 규제는

창호의 기본 구성

따로 없고 주택에서의 최소 환기량에 대한 기준만 있다. 실내공기질관리법에 의해 100세대 이상의 공동주택과 다중이용시설만 관리하며 "신축 공동주택의 경우 시간당 0.7회 이상의 환기량을 확보하고 24시간 운전이 가능한 자연환기 또는 기계환기 장치를 설치해야 한다"고 규정한다.

수밀성(차수성)^{waterproofing}은 기본적으로 외부로부터 실내에 물이 들어오는 것을 차단하는 성능으로 폭풍우 같은 악천후에도 견디며 물의 침투를 차단해야 한다. 수밀성이 떨어지면 비가 스며들거나 결로로 인한 곰팡이가 생길 수 있다. 따라서 창호에 배수로를 별도로 두고, 외부로 물을 배출해야 한다.

방음성(차음성)^{soundproofing}은 외부의 소음이 실내로 들어오거나 반대로 실내의 소음이 외부로 새어나가지 않도록 막는 성능이다. 이는 기밀성에 영향을 받는데, 창틀이 두껍고 유리가 복층 이상이라면 방음에 우수하다. **내구성**^{durability}은 외벽창에서 중요하다. 이외에도 방탄이나 방범, 방충의 기능을 추가하며 관련법에 따라 지정된 창문은 화재 시 확산 방지를 위하여 **방화 성능**^{fireproofing}을 갖춰야 한다.

창호의 구성

창호는 **창문틀**^{case}과 새시^{sash}라고 불리는 **창틀울거미**, **창문면**, **하드웨어**(철물, 金物)로 구성된다. 창문틀은 지지벽에 고정하는 틀로 일반적으로 목재나 금속, PVC 같은 합성수지를 사용한다. 창틀은 창문틀에 달린 안쪽 부분으로 일반적으로 창문틀과 같은 재료를 쓴다. 창문면은 일반적으로 유리를 사용하지만, 창호지 같은 종이나 폴리카보네이트 같은 합성수지를 사용하는 경우도 많다. 이 밖에도 각 부품을 연결하고 특정 기능을 하는 하드웨어가 있다.

하드웨어는 기본적으로 창을 열고 닫는 데 필요한 구동장치인 경첩, 손잡이핸들^{window handle}, 창을 여닫는 방식에 따라 이를 지지해주는 고정대^{stay}, 밀폐하거나 잠그는 역할을 하는 잠금장치^{window lock} 등으로 부가 기능을 담당한다.

최근 에너지 효율에 대한 관심과 규제가 늘어남에 따라 하드웨어의 성능과 기능은 점점 더 중요해진다. 단열 성능이 인증된 제작형창호의 사용이 확대되면서 고도로 기밀화된 시스템창이 요구되고 창의 대형화에 따라 무거운 창을 지지하면서 동시에 손쉽게 여닫을 수 있어야 하기 때문이다.

경첩은 여닫이창문, 손잡이, 잠금장치의 부품으로 쓰이고 일반적으로 ㄱ자형 경첩이 상하단으로 분리되어 있다. 회전형은 무거운 창문에 적용하고 막대형은 원운동이 직선운동으로 바뀌는 원리로 여닫이창문이나 하단밀기창문에 사용된다. 창문회전 경첩은 창의 가운데 설치하는 원형의 하드웨어로 회전창문에 주로 사용된다. 잠금장치는 창문고리, 창문걸쇠 등이 있다. 손잡이는 그립형(걸쇠노출형, 걸쇠내장형, 잠금장치 내장형), 올림형 손잡이가 있다. 전동 구동장치를 사용해 개방 각도를 조절하기도 한다.

외부에서 경첩이 보이지 않는 하드웨어를 사용한 창호 제품.

시스템창호의 하드웨어 업체

시스템창호 하드웨어는 2000년대 초까지 대부분을 지게니아Siegenia, 지유GU, 로토Roto 등 독일 3사에서 수입해 제작했다. 그러나 최근에는 지게니아, 빙크하우스Winkhaus, 마코Maco 등 3사가 하드웨어 시장을 주도한다. 지게니아는 2004년 한국 법인을 설립해, 하드웨어 업체 가운데 가장 먼저 경기도 광주에 물류센터를 운영하고 있다. 2012년 국내에 들어온 빙크하우스는 비스유럽에서 독점 판매한다. 목천IC 인근에 4,300m² 규모의 신공장으로 확장 이전했다. 마코는 살라만더 시스템창호를 생산하는 에스알펜스터에서 판매하고 있다. 일부 국내 업체는 상대적으로 저렴한 터키의 하드웨어를 수입해 공급하기도 한다.

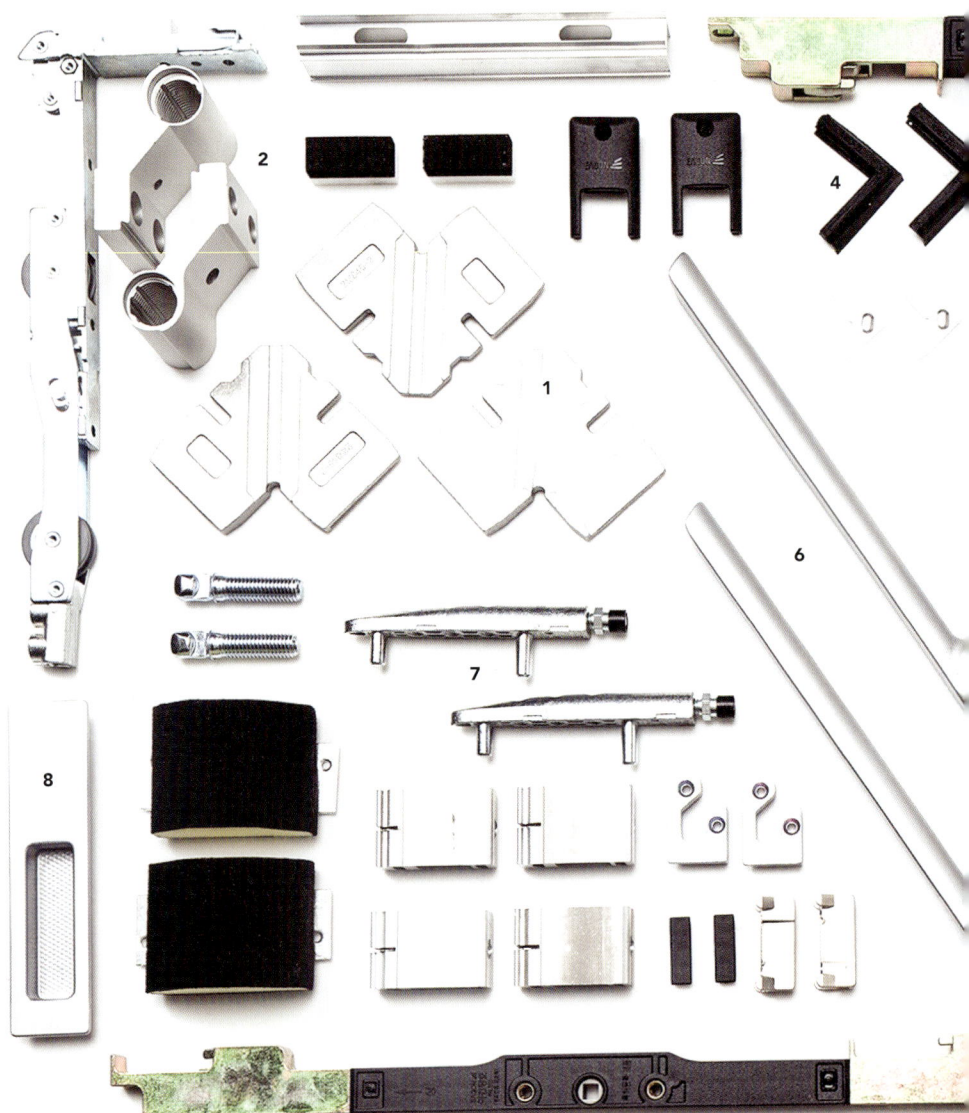

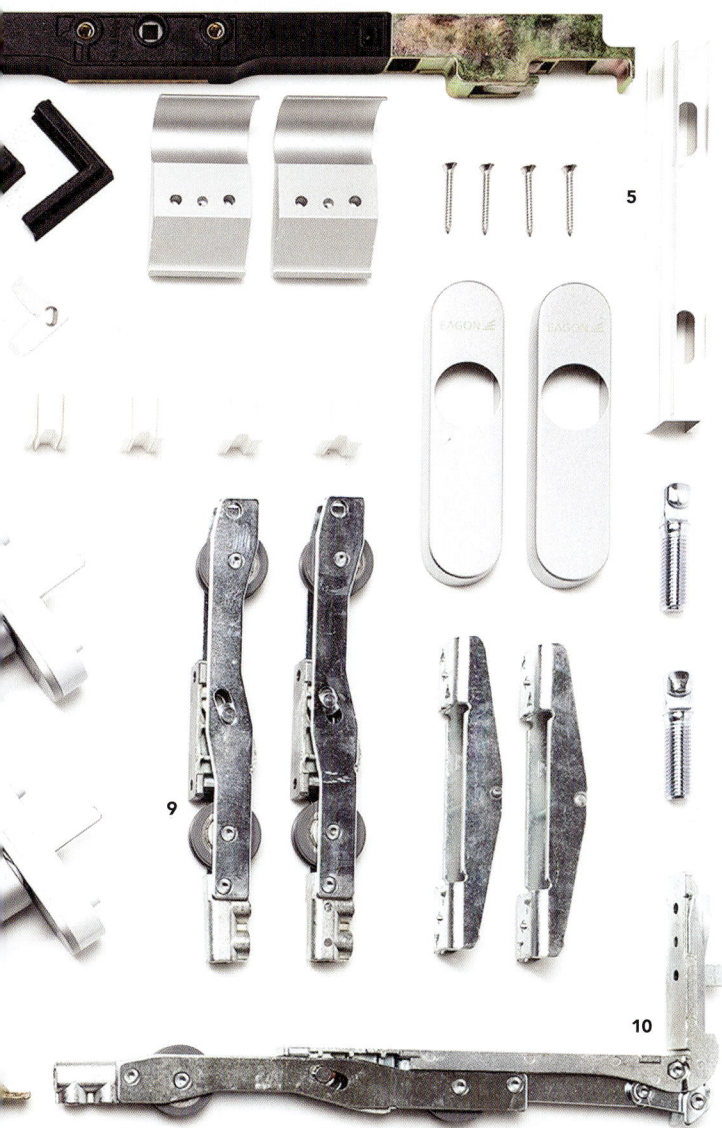

1 창짝 모서리 조립 부자재
2 알루미늄문용 노출형 고하중 경첩
3 미세기창호용 자동 잠금장치
4 모서리 개스킷
5 들어미세기 lift sliding 창호 기어 받침대
6 창호용 손잡이
7 평행미세기창호 창짝 이탈 방지 및
  가이드 역할 부자재
8 들어미세기 창호용 실외측 손잡이
9 들어미세기창호 호차부 하드웨어 일부
10 들어미세기창호 호차부 하드웨어

Types of
Window

창의 종류와 분류

창을 구분하는 방식은 다양하다. 우선, 사용하는 위치에 따라 크게 실내창, 외벽창, 천창이 있다. 외벽창은 다시 형태별로 단독창(평탄형, 매입형, 돌출형, 경사지붕창), 수평연속창(띠창), 커튼월로 구분한다. 창의 소재별로 분류하면 유리창, 창호지창, 폴리카보네이트창 등이 있다. 창문틀 소재에 따라서는 목재, 주철재, 합성수지(PVC), 금속창문틀이 있다. 기능별로 고정창, 개폐창, 단열창, 환기창, 배연창, 방범창, 방탄창으로 나눌 수 있다. 책에서는 가장 많이 쓰이는 기준인 개폐 방식에 따라 창을 분류해본다.

글 편집팀

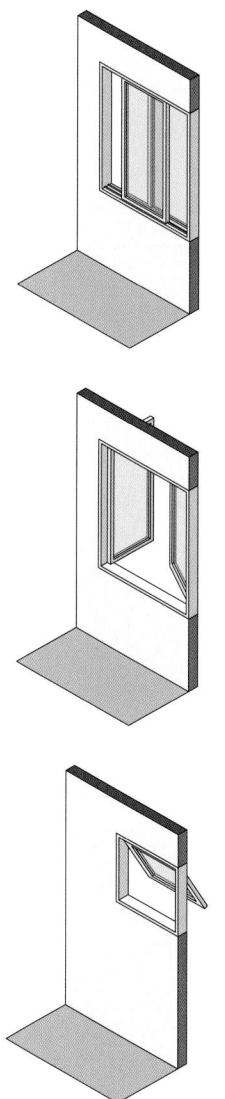

개폐 방식에 따른 분류

미세기창 sliding window

창의 일부 또는 전체를 밀어 여는 창. 밀어서 열기 때문에 창의 앞뒤로 공간이 많이 필요하지 않다. 그러나 시스템창과 같이 창과 창문틀에 밀착형 잠금장치가 없는 경우 차수, 단열, 방음과 같은 기밀성이 상대적으로 떨어진다. 밀어서 열기 위해 구조적으로 하부에 요철 모양의 레일을 두는데 이곳은 오염되기 쉽다. 이에 따라 하부에 물흘림구멍 weep hole을 설치하거나 하부 레일이 없는 창을 개발해 오염을 방지하기도 한다. 종류로는 두 짝 미세기창, 세 짝 미세기창이 있다.

여닫이창 casement window

창의 일부 또는 전체에 앞뒤로 여닫는 개폐창이 있는 경우. 측단경첩창 side-hung window은 개폐창이 측단 문틀을 중심으로 회전하는 방식이고 상하단 가이드레일창 projecting side hung window은 개폐창의 측단에서 미끄러지면서 앞쪽으로 회전하는 방식이다. 밖으로 여닫는 창은 실내에 개폐 공간이 필요 없고 차수에 유리하다. 실내로 여닫는 안여닫이창 inswing casement window은 대형 창인 경우, 하중을 고려한 경첩을 사용해야 한다. 두 짝, 세 짝, 네 짝으로 구분한다.

하단밀기창 awning window

창의 일부 또는 전체에 창문 하단을 밀어서 외부로 여닫는 창이다. 창문이 열려 있어도 빗방울이 경사각을 따라 미끄러져 실내로 빗물이 유입되지 않는다. 다만 물건이 밖으로 떨어질 위험이 있다. 상단경첩 방식과 측면 가이드레일 방식이 있다.

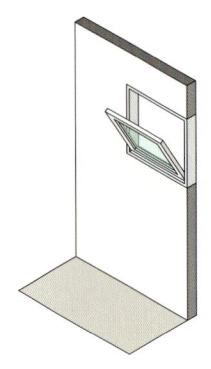

상단젖힘창 hopper window

실내 또는 실외 쪽으로 상단을 젖혀 여닫는 창문이다. 하단밀기창보다 상대적으로 물건이 추락할 위험이 적다. 창을 열었을 때 중간을 고정하기 위한 경첩이 필요하다. 대형 창은 창 하중에 버틸 수 있도록 개폐 각도를 조절해야 한다. 상단안젖힘창 tilt-in window, 상단밖젖힘창 tilt-out window 등이 있으며 무거운 대형 창은 전동식 창개폐장치로 열고 닫는다.

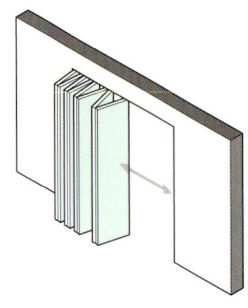

접이창 folding window

창의 일부 또는 전체를 수평방향으로 접어 여닫는 창문이나. 폭이 넓은 창문을 완전히 개방할 수 있어 최근 많이 쓰인다. 주로 외부 데크와 연결되는 실의 외벽창에 적용하는데, 창의 크기에 따라 무게가 다르다. 무거우면 전동식 개폐기를 함께 설치하며 측면에 개폐창의 보관 공간을 고려해야 한다. 차고문과 같은 방식으로 위로 접혀 올라가는 수직접이창과 안수직접이창이 있다. 전자는 창의 일부 또는 전체를 수직방향 접이 방식으로 개폐하는 창이며 2단으로 구성된다. 상부에 개폐 공간이 필요하고 창을 완전히 열 수 있다. 안수직접이창은 상하의 창문을 실내 쪽으로 접어 개폐하는 창으로 커튼을 달 수 없다.

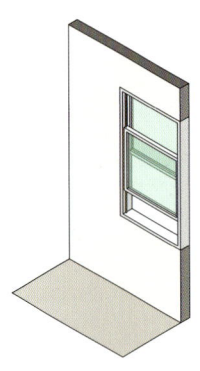

오르내리창 vertical sliding window

창의 일부 또는 전체를 수직방향으로 밀어 올려서 여닫는다. 개폐창을 중간에 고정할 수 있는 장치가 필요한데, 외오르내리창 single hung window 은 상부가 고정창이고, 하부창이 위아래로 개폐되는 경우이다. 퇴창형 oriel style 은 하부 개폐창이 상부 고정창보다 높이가 낮은 경우이다. 양오르내리창 double hung window 은 상부창과 하부창 모두 위아래로 개폐하는 것으로, 실내의 더운 공기는 상부창으로 나가고 옥외의 시원한 공기는 하부창으로 들어오며 자연스러운 환기가 일어난다.

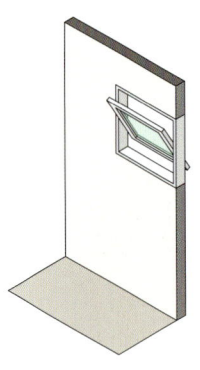

회전창 pivot window

중심축을 두고 회전하여 개폐하는 창. 중심축 부분의 기밀성에 유의해야 한다. 창 개방 시 고정대가 필요하다. 비가 내리면 빗물이 실내로 유입될 수 있다. 넓은 개방면적이 필요한 배연창에 많이 사용한다. 종축회전창 vertical pivot window 등이 있다.

Story of Window

복합개폐창

개폐 방식에 따라 창문의 종류가 다르지만 일반적으로 두 가지를 섞어서 사용하는 복합개폐 방식을 이용한다. 여닫이종축회전창side swing window은 창의 측면을 밖으로 밀거나 수직축을 중심으로 회전시켜 실외의 유리면을 실내쪽으로 뒤집을 수 있는 창이다. 실내에서 옥외 유리면을 청소할 수 있어 편리하다. 하단밀기횡축회전창top swing window/reversible window은 창의 하단을 밖으로 밀거나 창문을 수평축을 중심으로 회전시켜 외부 유리면을 실내쪽으로 뒤집을 수 있는 창이다. 여닫이미세기창turn & slide window은 창문을 안으로 밀어 열고 닫을 수 있다. 개폐 방식에 따라 환기량을 조절할 수 있는 것이 장점이다. 이밖에 여닫이젖힘창turn & tilt window도 많이 사용한다.

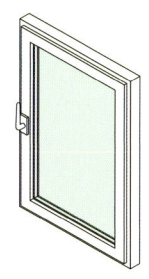
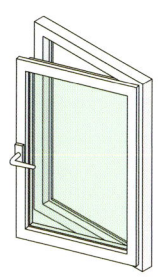

여닫이젖힘창문의 적용 예

실내창의 종류

건축물 실내에 설치하는 창은 일반적으로 외벽창보다 가볍다. 대개 공간을 구분하는 칸막이로 쓰인다. 개방감 또는 채광을 목적으로 설치하기에 고정창이 대부분이지만, 물건을 전달하거나 의사소통을 위해 개폐 형태로 설치하는 경우도 있다.

유리창glass window은 유리를 소재로 만든 것으로 가장 많이 쓰인다. 기능, 색상에 따라 다양한 유리를 사용한다. 일부는 유리가 파손되면서 파편이 떨어져 위험할 수 있다(김08 유리편 p.24 참고). 창호지창paper window은 창호지를 바른 창문을 말하며, 전통 건축에 사용되는 창문이다. 불투명하지만 은은한 자연채광이 특징이다. 정기적으로 교체해야 하는 단점이 있다. 창틀의 소재에 따라 목재, 주철재, 철재가 있다. 목제 창문틀wood window frame은 상대적으로 두꺼운 창틀과 창문살, 몰딩 같은 장식이 가능하다. 주철제 창틀cast-iron window frame은 비교적 가는 창틀과 창문살이 가능하다.

천창은 외관과 독특한 공간성을 확보할 수 있다. 사진은 프랭크 로이드 라이트가 설계한 뉴욕 구겐하임 미술관.

천창의 종류

천창은 실내의 일사와 환기를 위해 지붕면에 설치한 창문이다. 일반적으로 외기가 차단된 실내에 설치하는데, 박물관이나 미술관과 같이 전시를 위한 공간에 실내 채광을 위해 쓰는 경우가 많다. 최근엔 역동적인 효과를 위해 주출입구나 로비의 아트리움에도 종종 쓰인다.

천창은 외관과 독특한 공간성을 확보할 수 있다. 그러나 고층에 위치해 청소나 설비 등 유지관리의 편리성에 신경 써야 한다. 또한 창문을 통한 에너지 손실과 흡수에 대비하여 효율적인 이용이 가능하도록 고려해야 한다.

단창형은 개별형 천창으로 경사면형, 원구형, 사각뿔형을 사용한다. 경사면형은 주로 선형 천창 또는 넓은 주출입홀의 천창에 사용된다. 선형으로 반복적으로 사용하면 조도를 고르게 확보할 수 있다. 모임지붕형 볼트vault는 선형의 주출입홀 또는 중앙홀에 많이 사용한다. 선형이 만드는 방향성이 있어 쇼핑몰과 같이 보행 공간과 혼용된 홀에 잘 어울린다. 다면형은 사각뿔형, 삼각뿔형, 원구형 등이 있고 지붕 전체를 유리로 구성하는 형태다. 중앙홀과 같이 천창면이 실내에 중심이 되는 공간에 구심적인 효과를 줄 수 있다. 자유곡면형은 최근 실내 광장과 같은 넓은 공간을 천창으로 덮는 경우에 많이 쓰인다. 복합형은 다기능적인 공간에 다양한 천창을 소규모로 복합해 사용한다.

단열창의 종류

건축물의 실내 에너지 관리 시 창과 문에서 열손실이 많이 일어난다. 그렇기 때문에 창문의 단열 성능이 중요한데, 이를 최대화한 제품을 단열창insulated window이라고 한다. 단열유리, 단열가스, 간격재(간봉)spacer를 사용하므로 기밀성과 열차단 효과가 좋고 차수와 방음 성능도 우수하다. 그러나 가격이 비싸고 무게가 무겁다.

단열창문틀은 단열재로 **아존**[1] 방식이나 **폴리아미드**[2] 방식을 사용한다. 특히 단열이 취약한 연결 부위의 기밀을 위해 개폐 방식과 **개스킷**[3] 선택이 중요하다. 창틀을 고정할 때는 단열재를 넣고 폼이나 모르타르를 이용해 외기를 차단한다. 건축물 에너지 절약 계획을 위해서는 인증된 각 제품별 단열 성능을 확인한 후 사용해야 한다. $1m^2$ 이상의 외벽창 세트 제품의 에너지 소비효율 등급기준은 '효율관리기자재운용규정 2017-61호'를 확인하자.

일반 단열창은 하나의 창틀인 단창으로 이루어지고,

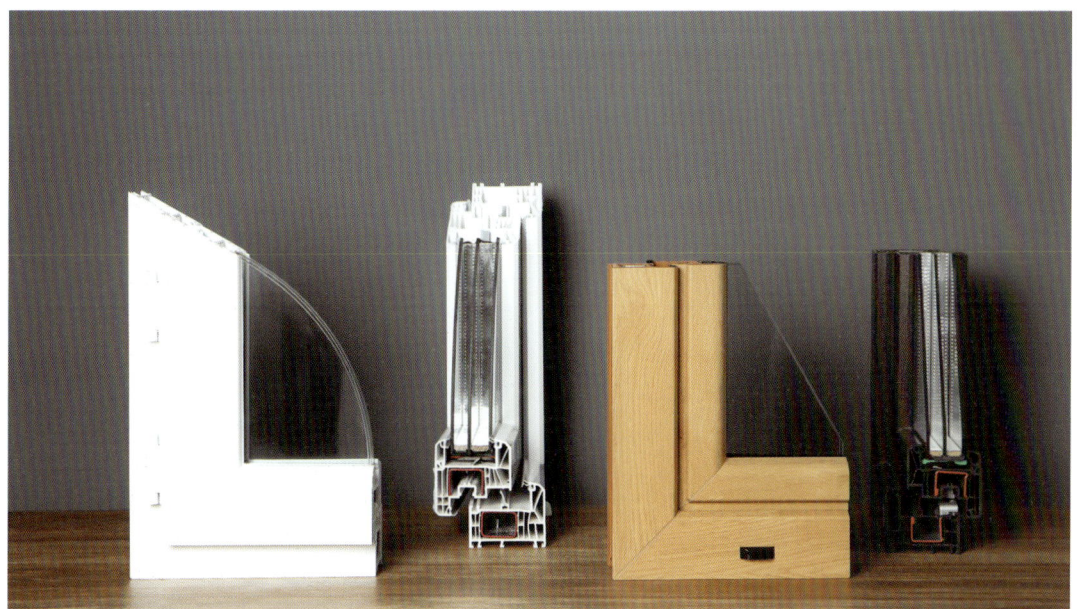

다양한 색상과 소재의 창호 단면.

이중, 삼중복층유리를 쓴다. 복합단열창은 두 가지 이상의 재료를 사용하는데, 창틀의 외부에는 내후성금속을, 내부에는 목재 또는 합성수지를 사용한다. 한국에서는 주로 이중창을 두 개의 창틀로 겹쳐서 사용한다. 이 방식은 대개 미세기 방식에 사용하며 개폐 성능이 낮은 편이다. **공기식집열창문**은 이중창의 형태로 단열효과와 집열효과를 이용해 실내의 냉난방 부하를 줄이는 방식이다. 내외부 창 사이에 블라인드를 설치해 여름에는 공기를 외부로 배출하고 블라인드를 내려 태양빛을 차단한다. 겨울철에는 태양광을 흡수하면서 가열된 공기를 이용해 난방을 한다. **이중외피 시스템**은 외벽창 바깥을 유리커튼월로 감싸 이중으로 외피를 구성한 창문이다. 집열 공간이 충분해서 효율적이지만 공사비가 많이 든다.

단열창문틀의 종류

우리나라는 주거, 특히 공동주택에서 PVC창문을 많이 사용하고, 일반 건축물과 고층 건축물은 여전히 금속창문 특히 알루미늄창문이 대부분이다. 단열창틀 insulated window profile 은 열전도율이 높은 금속 창틀의 열교 heat bridge 문제를 위한 대안으로 외부 금속창틀과 내부 금속창틀 사이에 고강도 합성수지 단열 연결재를 설치하여 단열선(斷熱線)을 형성하는 창을 말한다.

+TIP 단열바는 알루미늄 압출바 aluminum extruded bar 에서 오용된 단어다. 바는 '속이 찬 봉(棒)'을 뜻하므로, 단열창문틀 또는 단열프레임으로 고쳐 불러야 한다.

용어정리

1) 아존 azon: 액체상태의 고강도 폴리우레탄을 알루미늄 프로파일에 메우고 경화한 후 절단하여 완성한다. 후가공 방식이며 미국 기준(AAMA-TIR-A8-90)에 따른다.
2) 폴리아미드 polyamide: 유리섬유를 함유한 고체 상태의 폴리아미드를 알루미늄 프로파일에 삽입한 뒤, 롤링 방식으로 눌러 압착해 생산하는 방식이다. 유럽 기준(DIN 55-302)에 따른다. 두 방식 모두 방음, 결로 차단, 단열성에 큰 차이가 없고 다만 프로파일의 디자인에 따라 성능이 크게 달라진다.
2) 개스킷 gasket: 두 개의 고정된 부품 사이에 있는 접촉면에서 가스나 물이 새지 않도록 하기 위하여 끼워 넣는 부품.

Reportage

국내 시스템창호의 역사와 현재

×

이건창호 유통사업부 곽남곤 이사

이건창호는 1988년 독일 슈코SCHÜCO사와 기술제휴를 맺고, 국내 최초로 시스템창호를 개발해 고급 알루미늄창호 시장을 개척했다. 2003년 아시아 최대 규모의 창호공장을 인천에 설립한 후 국내 시스템창호 시장을 선도하고 있다. 인천에 있는 이건창호 공장을 찾아서 국내 창호 시장과 생산과정에 대해 들었다.

인터뷰 심영규
인터뷰이 이건창호 유통사업부 곽남곤 이사

감씨(감): 이건은 합판을 주로 생산하던 목재 기반의 회사다. 해외사와 협업해 국내 최초로 시스템창호를 개발하게 된 배경은?
곽남곤(곽): 1980년대는 급격한 경제성장과 서울올림픽 준비로 주택을 많이 보급하던 시기였다. 당시엔 '아루샤시'로 불리는 저가 비단열 알루미늄창호나 '하이샤시'와 같은 PVC 계열, 그리고 목재창호가 전부였다. 수입 시스템창호는 고급으로, 소형 자동차 가격과 맞먹었다. 단열과 차음 성능이 우수한 유럽식 시스템창호를 들여와 국내 주거문화 개선에 도움을 주고자 독일 슈코사와 기술제휴했다. 지금도 그렇지만 슈코사는 자재만 공급하고 자재, 하드웨어, 설비 판매가 사업모델이다. 그런 부분에서 독자성을 갖고 국내 시장에 맞게 개선하고 싶은 우리의 의지와 잘 맞았다. 소득 수준이 올라가면 시스템창호 시장이 성장할 것으로 전망하고 본격적인 투자를 했다. 안산에 세 군데로 나뉘어 있던 공장을 통합해 2003년 인천에 창호공장을 설립했다. 처음으로 자동화 창고를 만들고 생산성 극대화와 안정성을 위해 실내 보관 등의 시스템을 만들었다. 앞으로도 창호 시장이 계속 커질 전망인데, 아파트에서 살던 라이프 스타일이 전원주택 단지로 옮겨가는 추세다. 그 붐을 타고 목조주택이 성장했다. 그 시장을 중심으로 시스템창호가 성장하고 있다.

감: 현재 대형 건물은 알루미늄창호와 커튼월이, 아파트나 근린생활시설과 같은 소규모 건축은 PVC창호가 대세다. 이 중에서 이건창호는 소규모 시장에서 고급 알루미늄창호로 독특하게 포지셔닝했다.
곽: 한국은 여름과 겨울의 기온 차가 커서 창호의 단열 성능이 중요하다. 그러다 보니 한국 특유의 이중창이 생겼다. 중화학공업 기반의 대기업들은 아파트를 중심으로 PVC이중창을 공급해왔다. 하지만 몇 가지 문제가 있다. 이중창은

이건창호 유통사업부 곽남곤 이사.

구조적으로 두꺼워 내외부 공간을 많이 차지한다. 또한 겨울에는 태양광이 실내로 얼마나 유입되느냐에 따라 난방비가 크게 차이 나는데, 이중창은 이런 측면에서 불리하다. 이에 따라 우리는 단창만으로도 단열 성능을 확보하기 위해서 10년 가까이 투자해 진공유리를 개발했다. 미국과 유럽 모두 단창을 주로 사용하고 국내에도 단창이 점차 확대될 것이다.

감: 창호뿐 아니라 유리까지 개발하게 된 배경은?
곽: 국내엔 진공유리 기술이 상용화가 안됐다. 기존 유리 생산업체는 진공유리에 관심이 없었다. 로이유리만 봐도 미국은 더블로이 코팅이 보편화됐지만 한국은 싱글이다. 아직 기술력이 부족하기 때문이다. 일본 시장에선 진공유리가 이미 상용화된 것을 보고 개발에 착수했다. 일본과 중국의 '펌핑 방식'이 아니라, 반도체와 디스플레이 제작 방식인 진공 체임버를 만들어서 전체를 진공시키는 방식으로 유리 사이의 진공도를 더 극대화할 수 있는 장점이 있다.

감: 이건 공장만의 독특한 기술과 투자 부분이 있다면?
곽: 자동화 생산 라인을 만들면서 다양한 소재의 창호를 생산한다. 'RPC'라고

이건창호는 알루미늄, PVC, 목재 등 소재별로 전문 생산 라인과 가공, 조립을 특화했다.

하는데, 알루미늄, PVC, 목재 이렇게 소재별로 전문 생산 라인과 가공, 조립을 특화했다. PVC는 열가소성 수지로 열융착해 틈이 없어 물이 새지 않는다. 그 대신 용접 기계로 사상 작업을 한다. 반면 알루미늄은 틈이 있어 코너크리트 corner crete라는 것을 기계적으로 부착하고 '클램핑 clamping' 방식을 사용해 조립한다. 그 틈에 본드 같은 접착제를 주입해서 밀실하게 채운다.

또한 유리를 끼우는 '글레이징 glazing' 과정은 유리부재에 글레이징 비드의 비드클립이 있어서 밀실하게 조립할 수 있다. 이 기술을 쓰면 나중에 유리를 유지보수할 때 쉽게 분해, 조립이 가능하다. 드라이버를 사용하지 않으니 창호에 흠집이 생기지 않는다.

창호는 한번 시공하면 20~30년을 사용해야 하는데 수축팽창에 의해 변형과 뒤틀림, 벌어짐이 생길 수 있다. 이를 최소화하기 위해 단열재인 폴리아미드와 알루미늄 사이에 철심을 넣는 '널링 knurling' 작업으로 체결력을 높인다.

갑: 현재 에너지, 친환경이 이슈가 되면서 2012년부터 창호에너지소비효율등급제(이하 창호등급제)가 시행됐다. 어떻게 대응하고 있나?
곽: 창호등급제는 극한까지 왔다. 이미 열관류율이 0.9W/m²K까지 떨어졌다. 대신 점점 더 무거워진다. 두껍게 해서 기준을 충족하기는 쉽다. 이제는 얇은 창틀로 승부해야 한다. 창틀이 얇아질수록

내구성 문제가 생길 것이다. PVC 수명은 건물의 절반도 안되서 리모델링 해야 한다. 이건은 30년이 지나도 A/S가 가능하다. 그만큼 제품에 자신감이 있다는 이야기다. 창은 10년만 쓰다가 버리지 않는다. 창은 건물의 생명주기와 거의 동일하게 가야 한다.

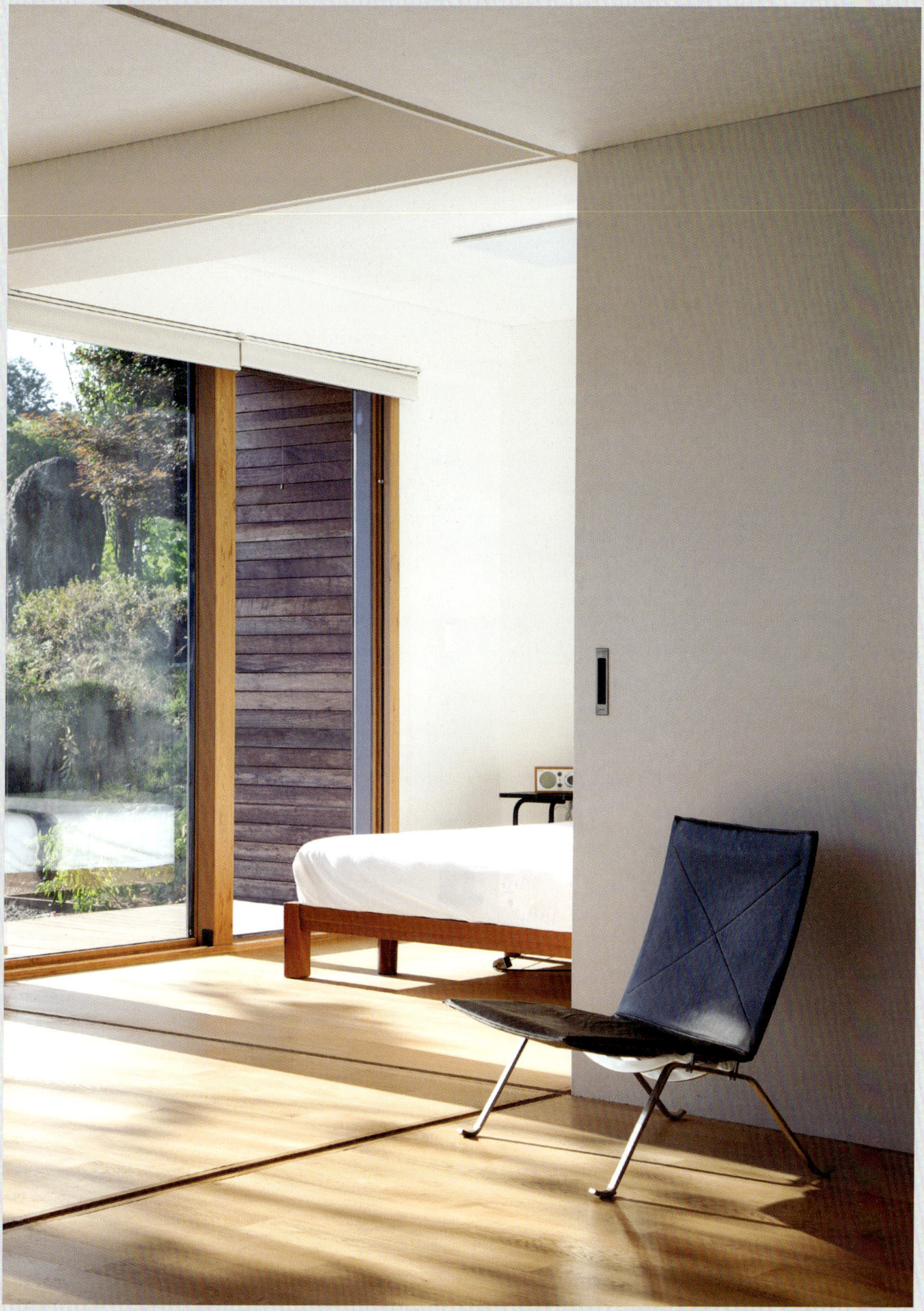

©박영채

이건창호 ESS 165 L/S 제품을 사용한 한칸집.

국내 최대 자동화 공장

인천광역시 남구에 있는 이건창호 공장은 대지면적 2만 9,000m², 생산면적 1만 8,200m²로 단일 창호 공장으로는 국내 최대 규모다. 자동화 창고부터 출하까지 길이가 200m이고 폭이 150m에 이른다. 이건창호는 목재창호, PVC창호, 알루미늄창호, 커튼월, BIPV(건물일체형 태양광발전)를 모두 생산하는 업체로 하루에 알루미늄창호 기준 300세트, 목재와 알루미늄을 결합한 코넥스 기준 250~300세트를 만들 수 있다.

고연진 대리는 "지난해 9월부터 강화된 건축물의 창호등급제에 대응하고자 유리 두께, 창호 디자인을 바꾸고 에너지 절감 창호를 위한 액세서리 개발에 심혈을 기울이고 있다"고 말한다. 실제로 5일이 걸리는 단납기는 6가지 색상이, 15일이 걸리는 스페셜납기는 36가지 색이 있어 다양한 요구를 모두 맞출 수 있다.

공장 설비에 대해 묻자 그는 "이곳에는 슈코사의 첨단 슈퍼컷 기계와 스터즈라는 용접 사상기가 있어 자동으로 작업한다"며 "앞으로 지속적인 투자를 통해 생산성을 좀 더 높이는 시스템을 구축하고 있다"고 밝혔다.

1 자재 공급 자동화 창고에는 1만 7,200m², 1,184개의 팔레트에 각종 하드웨어와 자재가 실려 있고 자동으로 생산 라인에 공급된다.

2 알루미늄 프로파일 압출성형한 5,950mm 길이의 알루미늄 프로파일과 함께 조립하는 자재를 운반한다.

3 롤링 알루미늄 프로파일에 폴리아미드라는 단열재를 넣고 압출하는 과정이다.

4 가공 사전에 손잡이 자리와 배수를 위한 워터홀 등 다양한 창호 가공을 한다. 가공 종류는 창호마다 다르다. 최근 자동화 설비를 새로 도입해 3D까지 자른다. 이를 MES프로그램으로 모니터에서 단말기로 확인한다.

2003년 설립된 이건창호 인천공장 전경.

5 부자재 삽입 절단된 프로파일을 조립공장으로 이동한다. 최종 제품을 만들기 위해 60여 개의 부자재가 들어간다.

6 클램핑 코너 크리트를 집어넣고 클램핑을 한다. 이때 '글루'라는 접착제를 넣어준다. 이후에 개스킷을 넣고, 코너나 틈새에 누수를 막기 위해 실리콘을 넣는 코너 코킹 등의 작업을 한다.

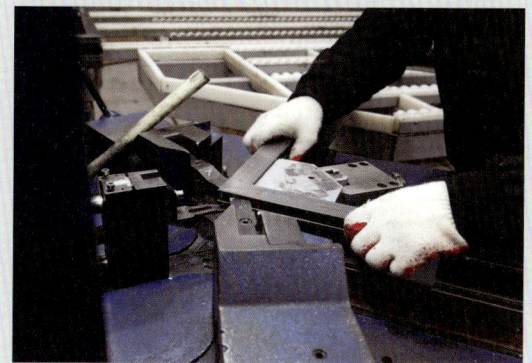

7 창틀 조립 클램핑 기계에 넣고 코너 클립을 끼워 고정해 4개를 맞물리면 창틀 형태가 완성된다. 창짝과 창틀을 조립하고, 손잡이까지 부착한다.

8 포장 피팅과 조립, 작동 테스트, 검수, 포장 후 검사표를 붙인 뒤 출하반으로 이동한다.

2

ISSUE OF WINDOW

2.1 Function and Issue of Window
2.1.1 Grade of Window
2.1.2 Policy of Window

2.2 Distribution of Window
2.2.1 Issue of Window
2.2.2 Problems of Window

2.3 Selection of Window
2.3.1 Maintenance of Window
2.3.2 Interview 1
2.3.3 Interview 2
2.3.4 Interview 3

Function and Issue of Window

창호의 기능과 이슈

창은 건물의 내외부를 연결하며 실내 조망과 일사 취득을 가능하게 한다. 동시에 건축물 열손실의 가장 큰 요인으로 국내 에너지 관련 정책에 따라 산업이 크게 변해왔다. 전문가의 의견을 바탕으로 창의 기능과 이슈를 일목요연하게 정리한다.

글 편집팀

Grade of Window

어려운 창호등급제 쉽고 정확하게 이해하기

국내의 PVC창호는 모두 창호등급을 받아야 한다. 이 등급은 열관류율과 기밀 성능의 조합으로 표기하며, 이 글은 두 가지 성능을 제대로 이해하기 위해 쓰였다. 하지만 창호등급제 설명에 앞서, 창호 자체를 먼저 이해해야 한다. 창의 성능을 올리는 데에는 한계가 있다. 아무리 좋은 창도 외벽에 비하면 단열 성능이 턱없이 낮다. 그러므로 성능이 좋은 창을 고르기 전에 향별 창의 면적과 위치를 정하는 데 공들여야 한다.

글 **최정만** ((사)한국패시브건축협회 회장)

창틀	30%
유리	40%
창틀과 구조체 사이	30%

창호의 성능

창호는 지금까지 알려진 상식과 기술 개발에 따라 변한 것을 함께 고려해야 한다. 남향의 창은 자연채광으로부터 얻는 열획득이 열손실보다 월등히 크지만 서향의 창은 태양고도가 낮아 눈부심조차 일어나지 않는다. 그러므로 '일정 성능 이상'의 창문은 적정 크기 이상이면 모두 에너지 성능을 충족하고, 그 크기는 통상 실면적의 10%가 적절한 것으로 보고 있다. 다만 일사에너지가 너무 많으면 여름에 실내 온도가 높아질 수 있으므로 남향 창은 눈썹 처마, 외부전동 블라인드 등 적절한 차양을 고려해야 한다. 창호 성능은 세 가지 구성요소인 창틀, 유리, 창틀과 구조체 사이의 조합이다. 좌측의 표는 창호에 기대하는 성능을 100%라고 했을 때 각 구성 요소의 중요도를 나타낸 것이다.

그러므로 열관류율, 기밀성이 좋은 창을 선택했다고 해서 건물의 성능이 저절로 올라가는 것이 아니라, 각각에 대한 설계와 시공 단계에서 챙겨야 할 사항을 검토해야 한다(p.115 참고).

열관류율과 창호의 평균성능

열관류율은 단열 성능을 판단하는 지표로 단위면적당 창의 열손실을 의미하며 W/m^2K로 표시한다. 우리나라는 창호의 열관류율로 평균 성능을 표현한다. 이 평균 성능은 창 전체를 하나로 보고 각각의 성능을 합산한 평균값이다. 그러나 일견 사용자의 편의를 고려한 이 방법으로는 창호의 우수한 성능이 유리 때문인지, 창틀의 영향인지 알 수 없다. 시험체는 유리 면적이 월등히 크기 때문에 유리의 품질을 많이 높이면 창틀은 평균 성능에 묻힌다. 실제로 이를 악용하는 창틀 제조사도 존재한다.

또 주택의 치명적인 문제로 끊임없이 거론되는 결로 현상에도 해결책을 주지 못한다. 수증기는 유리와 창틀을 가리지 않을뿐더러 창의 평균 성능으로 결로가 생길지를 판단하지도 않는다. 유리보다 창틀의 성능이 낮다면 평균 성능이 높은 창호라도 창틀에 결로가 맺힐 수 있다. 그래서 많은 선진국에서는 창틀과 유리의 성능을 따로 표기한다. 하지만 이 역시 일반 건축주가 그 성능을 이해하기 어렵다는 단점이 있다. 다만 건축사와 같은 전문가라면, 시험성적서상의 열관류율 만을 보고

유리 성능은 1등급이지만 창틀의
성능이 낮아 결로가 발생한 모습.

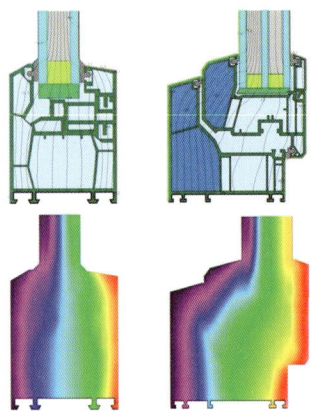

창틀의 열적 성능을 보기 위한
시뮬레이션.

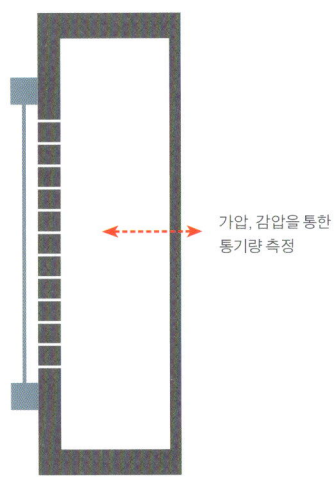

1.52m×1.52m 크기의 시험체를
이용하여, 한쪽에서 각각 10, 30, 50,
100Pa의 압력을 가하여 시험체를
통과한 누기량을 시험체의 면적으로
나누는 방법을 사용한다.

판단할 것이 아니라, 유리와 창틀을 구분해서 성능을 파악할 필요가 있다. 이를 위한 시뮬레이션 프로그램으로는 무료로 사용할 수 있는 썸^{Therm}이 가장 유명하다. 그러나 이 역시 현실적으로 사용이 어렵다. 국내 시험성적서를 확인할 때 비슷한 유리를 사용한 시험성적서끼리 비교해 창틀의 성능을 간접적으로 확인하는 길이 가장 쉽다. 하지만 이렇게까지 확인하면서 창을 선택한다는 일이 쉽지 않다. 그렇기 때문에 정책적인 보완이 필요하다.

창호의 성능을 확보하는 마지막 방법은 간봉(간격재)의 열교를 줄이는 것이다. 유리에서 열적으로 가장 취약한 부분이 간봉이다. 그러므로 간봉의 종류는 물론, 창틀에서 유리를 설치하는 위치가 중요하다. 우리나라는 열적으로 취약한 알루미늄간봉이 일반적인데 결로를 막기 위해서는 열교저감 처리된 것을 사용하는 편이 좋다. 최근에는 이보다 더 우수한 제품이 시장에 출시되어 높은 성능의 제품을 사용하는 경우가 늘고 있다. 더불어 창호 시험성적서와 현장의 간봉이 같은 제품인지도 확인할 필요가 있다. 만약 유리, 창틀, 간봉, 설치열교 등을 모두 제대로 고려했다면 창문을 통해서 새어 나가는 열을 100% 가까이 잡을 수 있다.

기밀 성능

우리나라의 기밀성 시험은 '창호의 기밀성 시험 방법(KS F 2292:2008)'에 의한다. 이 시험 방법은 1.52×1.52m 크기의 시험체를 이용하여, 한쪽에서 각각 10, 30, 50, 100Pa의 압력을 가했을 때, 시험체를 통과한 누기량을 시험체의 면적으로 나누는 방법이다. 만약 대기압상태에서 기준온도를 모두 맞추었다면, 통기량 산정식은 아래와 같이 매우 단순해진다.

$$\text{기밀성}(m^3/m^2h) = \text{누기량/시험체 면적}$$

즉 실험체의 단위면적당 통기량의 값이 기밀성인 것이다. 시험은 10~100pa의 압력에서 이뤄진다. 하지만 기밀성을 나타낼 때의 기준압력은 10Pa에서의 통기량을 표기한다. 예를 들면 어떤 창호 실험체의 순 크기가 1.52×1.52m이고, 10Pa에서의 통기량이 1.23m³라는 결과를 나타냈다면 기밀성은 1.23/(1.52×1.52)=0.53m³/m²h이고, 현행법에 따라 1등급 창호가 된다. 면적으로 나누어 단위면적당 기밀성을 표현하는 현 제도는 일견 합리적으로 보이지만 한 가지 문제점이 존재한다. 실험체의 구성에 관한 제한 사항이 없다는 것이다. 즉 실험체의 열리는 창 구성은 신청자가 임의로 만들 수 있다. 예를 들면 우측 사진에서 세 가지 창은 크기, 개폐 면적과 상관없이 다 같은 기준으로 시험한다. 모든 창호가 같은 면적(1.52m×1.52m)으로 나누어진다는 뜻이다. 결과적으로 열리는 창을 크게 만든 회사는 결과가 좋지 않게 나올 가능성이 높다. 그러다보니 시험을 신청하는 창호 회사의 입장에서는 열리는 부분을 최대한 작게 만드는 것이 유리하기 때문에 가능한 한 개폐부를 최소화해 시험을 의뢰한다. 상기 계산식의 창호가 실제로 열리는 부분을 면적의 1/4만 만들어서 시험을 거쳤다면, 열리는 창호만의 통기량 계산은 다음과 같이 하는 것이 옳다.

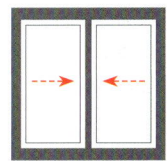
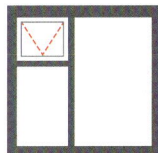
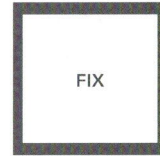

위의 모든 창을 다 같은 기준으로 기밀 성능을 시험한다. 열리는 창을 크게 만든 회사의 결과가 좋지 않게 나올 가능성이 높다.

기밀성(m^3/m^2h) = 누기량/(실험체 면적/4) = 1.23/(1.52x1.52/4) = 2.13 m^3/m^2h

수식의 변화는 단순하지만 결과는 판이하다. 앞의 계산은 1등급이지만, 뒤의 계산은 3등급이 되기 때문이다. 현장에 설치되는 창호의 경우 시험체보다 열리는 부분이 훨씬 크고 다양하게 설치되기 때문에 실제 통기량은 시험값보다 커지게 된다. 또한 시험성적서의 가장 앞 페이지에 시험기준 압력 중 가장 낮은 10Pa의 압력만 기록하게 되어 있어 바람이 심한 겨울의 통기량을 추정하기 어렵다. 물론 시험성적서 전체를 확인하면 뒤 페이지에 100Pa까지의 통기량이 기록돼 있으나, 통상적으로 업체에서는 앞 페이지만 소비자에게 제공한다. 태풍 초기바람의 속도(10m/s)는 압력이 대략 50Pa 정도이므로, 10Pa의 압력으로는 바람이 심한 날에 건물에 미치는 정도를 예상하기 어렵다.

모든 시험성적서는 시험체의 도면과 열리는 창의 면적이 같이 포함돼 있다. 즉 소비자가 알고자 한다면 시험성적서 전체를 요구하여 실제 열리는 창의 크기가 얼마인지, 고압력에서의 통기량은 어느 정도인지 알 수 있다. 선진국의 경우 실제 열리는 면적 또는 열리는 창문의 길이로 계산하므로 실제 성능과 비교적 유사한 값을 얻을 수 있다.

최정만 (㈔한국패시브건축협회 회장)
숭실대학교에서 건축공학을 전공하고, 성균관대학교에서 건축물에너지최적화로 건축공학석사 학위를 받았다. 2011년 자림건축사사무소를 설립하여 저에너지건축물 위주로 작품 활동을 하고 있으며, ㈔한국패시브건축협회를 이끌고 있다. 대한민국 녹색건축대전 대상(2012, 2013), 서울시 환경상(2015), 국토교통부장관 녹색기술 표창(2018)을 수상하였다.

Policy of Window

국내 창호 관련 정책의 쟁점을 묻다

창은 건물의 '얼굴'이자 '눈'이다. 창의 가장 중요한 기능은 '조망'과 '일사 취득'으로 건물의 외관과 내부 거주 환경을 지배한다. 창은 건물의 열손실 측면에서 가장 큰 요인이며, 동시에 빛환경에 절대적으로 영향을 미치는 요인이다. 또한 음환경과 공기 환경에도 큰 영향을 미친다. 모든 실내 환경은 결국 삶의 질로 연결되며, 이는 문화와 소득 수준의 척도가 된다. 따라서 건물에서 창이 중요한 이유는 분명하다. 글 **강재식**(한국건설기술연구원 선임연구위원)

창의 중요성

거주 환경을 좌우하는 요인은 열환경, 빛환경, 음환경, 공기 환경 등으로 다양하다. 선진국의 경우 이 순서대로 건축기술이 발전해 왔다. 반면 한국은 짧은 건설역사에서 열환경, 음환경, 공기 환경, 빛환경의 순으로 건축기술이 발전했다면 무리한 판단일까?

열환경은 기본적인 생존의 주제다. 당연히 거주 환경에서 가장 우선시될 수밖에 없다. 음환경은 고층 공동주택이라는 한국의 건설문화에 기인한다. 특히 아파트 같은 공동주택의 층간소음 문제는 삶의 질 차원에서 다룰 수밖에 없다. 선진국에서 최근 쟁점이 되고 있는 공기 환경은 국내의 경우 2004년 "집이 사람을 공격한다"는 한 언론 보도 이후 본격적으로 쟁점화됐다. 아토피와 죽음에 이르는 병의 주요 원인이 실내 공기질이라는 다소 성급한 언론의 진단은 단번에 공기 환경을 정책의 쟁점으로 만들었다. 문제는 공기질 개선 방안을 창을 통한 환기가 아닌 기계적 열교환기를 통해 제도적, 정책적 설계 수준에서 만족했다는 것이고, 4조 원 이상 투입된 열교환기는 여전히 멈춰 있는 국민적 부채다. 이러한 배경에서 우리 건설기술 가운데 가장 낙후된 분야가 빛환경이다. 실제로 국내에는 다른 분야에 비해 빛환경 분야 전문가가 상대적으로 많지 않다.

건물 부위별로 합리적인 열관류율을 규정하는데, 먼저 창이나 문이 외기와 직접 면하는지, 간접으로 면하는지 여부를 확인한 뒤 공동주택과 공동주택이 아닌 경우로 세분화한다.

정책과 제도 흐름

창의 성능 관점에서 정책 흐름을 살펴보는 것은 매우 중요하다. 산업의 진화는 정책과 밀접한 상관이 있다. 국내에서는 1980년대 전후 두 차례 벌어진 '석유파동' 이후 건물에너지절약을 위한 단열 정책이 본격적으로 마련되었다. 그러나 창의 단열성에 대한 구체적인 법령이나 규제 없이 약 20년간 최소 성능 수준으로 제도가 유지됐다. 2001년 6월 국토교통부에서 제정한「건축물의 에너지절약 설계기준」을 시점으로 창의 성능과 관련해 혁신적인 변화가 시작되었다.

이 설계기준은 지역별 부하 조건에 따라 건물 부위별로 합리적인 열관류율을 규정한다. 먼저 창이나 문이 외기와 직접 면하는지, 간접으로 면하는지 여부를 확인한 뒤 공동주택과 공동주택이 아닌 경우로 세분화한다. 공동주택이 아닌 경우에는 개구부의 용도가 창인지 문인지에 따라 차이를 둔다. 정부의 에너지정책 로드맵에 따라 2008년 1월 고시된 설계기준으로 단열 성능 기준이 강화되었고, 2018년까지 2~3년간 시간을 두고 성능 중심의 제도로 지속해서 강화됐다.

이는 국가의 에너지정책이 국내 산업력을 고려한 일종의 '연착륙'으로, 20년간 시간을 두고 건물 전체 에너지 계획에 따른 마스터플랜이 진행된 결과다. 가장 최근 2018년에 개정된 에너지절약 설계기준, 단열기준, 공동주택 친환경 건설기준 등은 정부정책의 큰 방향에 따른 결과다. 앞으로 창호의 에너지 성능 기준은 특별한 이슈가 없는 한 강화되지 않을 것이다. 이미 패시브하우스 또는 제로에너지건물에서 요구하는 창의 성능 기준을 충족했기 때문이다. 현재 기준에 따르면 겨울철 외기 온도가 낮게 형성되는 순으로 전국을 중부1과 중부2, 남부와 제주도의 네 지역으로 구분한다. 일례로 아래 표와 같이 수도권이 포함된 중부2지역은 열관류율(W/m²K)이 1.0이고, 철원 등 중부1지역은 0.9이다. 이는 기상조건과 난방부하를 고려할 때 패시브하우스 성능기준 0.8과 동등한 성능이다.

2018년 9월 시행 기준으로 지역별 건축물 부위의 열관류율표. 서울의 경우 주거 건물 외벽의 최대 평균 열관류율은 0.17 W/m²K, 비주거 건물의 경우 0.24 W/m²K를 만족해야 한다. 같은 조건에서 창호의 평균 열관류율의 기준은 주거건물은 1.0 W/m²K, 비주거건물은 1.5 W/m²K 이하가 되어야 한다(출처: 국토교통부, 2017)

			중부 1지역	중부 2지역	남부 지역	제주도
거실의 외벽	외기에 직접 면하는 경우	공동주택	≤ 0.150	≤ 0.170	≤ 0.220	≤ 0.290
		공동주택 외	≤ 0.170	≤ 0.240	≤ 0.320	≤ 0.410
창 및 문	외기에 직접 면하는 경우	공동주택	≤ 0.900	≤ 1.000	≤ 1.200	≤ 1.600
		공동주택 외	≤ 1.200	≤ 1.500	≤ 1.800	≤ 2.200

1) **중부1지역**: 강원도(고성, 속초, 양양, 강릉, 동해 제외), 경기도(연천, 포천, 가평, 남양주, 의정부, 양주, 동두천, 파주, 강화), 충청북도(제천), 경상북도(봉화, 청송)
2) **중부2지역**: 서울특별시, 대전광역시, 세종특별자치시, 인천광역시, 강원도(고성, 속초, 양양, 강릉, 동해), 경기도(연천, 포천, 가평, 남양주, 의정부, 양주, 동두천, 파주, 강화 제외), 충청북도(제천 제외), 충청남도, 경상북도(봉화, 청송, 울진, 영덕, 포항, 경주, 청도, 경산 제외), 전라북도, 경상남도(거창, 함양)
3) **남부지역**: 부산광역시, 대구광역시, 울산광역시, 광주광역시, 전라남도, 경상북도(울진, 영덕, 포항, 경주, 청도, 경산), 경상남도(거창, 함양 제외)

한국의 건축문화와 정책 흐름

한국의 건축물에는 미세기창이 많고, 상대적으로 창 면적 비율이 높다. 미세기창은 구조상 창틀과 창짝의 상하부에 틈이 생기므로 별도의 기술로 보완하지 않으면 기밀성이 떨어진다. 여기에 일사에 대한 거주자의 동경은 자연스럽게 창 면적이 넓어지는 건축문화를 만들었다.

창의 단열 성능을 규정하는 지표는 열관류율과 단위면적당 통기량을 의미하는 기밀성이다. 열관류율이 낮고 기밀성이 높아야 열손실이 낮아지고, 그만큼 건물의 에너지효율이 높아진다. 이 두 요인은 상호 연관이 있지만 그 정도는 낮을 수도 있다. 단열이 우수한 유리와 창틀을 사용하더라도 주요 부재의 틈이 클 경우 황소바람이 들어온다면 창의 에너지 성능은 큰 의미가 없다. 또 틈새 바람이 없어 기밀 성능이 우수해도 유리나 창틀 자체의 단열성이 낮은 경우 에너지효율이 낮을 수밖에 없다.

우리나라와 패시브하우스의 원조인 북유럽, 독일과의 기후 차이는 창과 관련된 건축문화를 이해하는 데 도움이 된다. 북유럽과 독일은 겨울에 매우 춥고 습한 기후조건이 유지된다. 패시브하우스에서 창의 단열 성능은 유리와 창틀의 열손실 저감과 습한 공기의 실내 투입을 차단하는 기밀 성능이 중요하다. 시스템창이 발전한 이유다. 물론 창의 면적도 상대적으로 작은 특성으로 산업이 진화했다.

선진국에서 여름철 일사에 의한 냉방에너지 문제가 이슈화된 것은 최근이다. 이론적으로는 겨울철 일사만큼 중요한 부하가 여름철 냉방에너지이지만, 그동안 풍부한 전기에너지로 냉방 설비를 충분히 가동하는 상황에서 중요한 문제가 되지 않았다. 일례로 대표적인 기술이 이중외피 구조의 창(p.31 참고)이다. 미려한 디자인을 포함하여 이론적으로 겨울철 온실효과는 매우 크지만 전기에너지의 제한적 공급이라는 조건, 즉 원자력에너지에 의한 전기공급에 제한이 발생하는 순간 기존 이중외피 구조의 창은 일사취득에 의해 찜통 수준의 거주 환경이라는 현실적 문제가 생겼다. 최근 전 세계적으로 **일사에너지투과율**[1]이 창의 주요 지표로 부각된 이유다.

한편 2012년 시행된 창호 에너지소비효율등급제는 본격적으로 성능 중심의 산업 구조로 변하는 데 큰 영향을 미쳤다. 창호등급제는 2008년 G8 국가 확대정상회의가 열리면서 교토의정서와 지구온난화에 대한 전 세계적 이슈의 대안으로 등장했다. 국내에서는 2009년 등급제 연구가 착수됐고, 2012년 제도가 시행되었다.

창의 성능에 있어서는 이전까지 산업계 자율에 의한 임의의 제도에서 의무화 제도로 바뀐 것이 핵심이다. 산업통상자원부에서 제도를 총괄 관리하고 전담기관인 한국에너지공단에서 물리적 시험을 통해 측정한 창의 열관류율과 기밀성 공인시험 결과를 기준으로 에너지효율을 1~5등급까지 부여한다. 의무화 제도라 기준 이하의 제품은 국내에서 생산과 판매가 제한된다. 냉장고와 자동차에서 볼 수 있는 에너지효율 라벨이 창에 붙기 시작한 것이다.

창호등급제는 열관류율과 기밀 성능을 기준으로 판정하는데, 앞서 언급한 바와 같이 미세기창은 특별한 기술 없이는 구조적 기밀성이 떨어진다. 최근 기밀성 확보를 위한 기술 개발이 촉진된 배경이다. 한편 창틀보다 비교적 성능 개선이 쉬운 유리를 중심으로 산업이 진화하는 문제도 생겼다. 제도 시행으로 창의 성능은 향상됐지만, 근본적인 기술력 확보는 여전히 답보 중이다. 또한 현장에서 실제 단열 성능에 영향을 미치는 벽과 창의 접합부 열교에 대한 현실적 문제가 산업에서 다루어야 할 주제인지, 아니면 별개의 산업인지에 대해서도 논란이 되고 있다. 상식적 판단에서 창과 벽

국내에서는 다양한 색상과 모양의 PVC 시스템창이 유통되고 있다.

사이의 접합부는 고성능 창 시장의 확대와 함께 별개의 공정과 기술로 풀어야 하는 당면 과제다. 결국 패시브하우스 성능기준의 의무화 실현은 가까운 미래에 우리가 논의하는 성능값이 과연 실제 건설 현장과 거주 환경에서 어느 정도 구현되느냐에 대한 문제로 집중된다.

모든 건축자재의 공통 사항인 사회적, 산업적 유통 구조 문제도 창호등급제와 함께 현실화한다. 즉 고성능 창을 사용해야 하는 법적제도 확대에 따라 실입주자가 제품을 선택하는 비중이 매우 낮다. 사실상 없다고 해도 과언이 아니다. 고성능 제품 선택은 입주자의 비용 증가로 직결되나, 의사결정 과정에서 입주자가 결정할 여지가 적다. 결국 성능과 비용의 의사결정 과정에서 정보력이 낮은 입주자는 브랜드나 대기업 제품에 한정되는 근본적인 문제에 그대로 노출된다. 최근 강소형 중소산업의 눈부신 기술 개발과 성능의 약진이 실제 건설시장에서 제 몫의 기능과 역할을 다하지 못하는 것도 이때문이다. 성능 중심의 정부정책 전환에 따른 시장 구조 개편은 빠르게 산업 전반에 영향을 미치고 있으며 합리적으로 정착되어야 할 주제다.

등급	열관류율(W/m²K)	기밀성(m³/m²h)
1	1 이하	1 이하
2	1 초과 ~ 1.4 이하	1 이하
3	1.4 초과 ~ 2.1 이하	2 이하
4	2.1 초과 ~ 2.8 이하	없음
5	2.8 초과 ~ 3.4 이하	없음

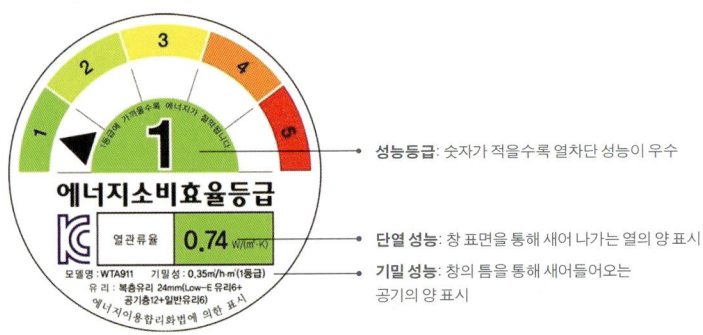

북유럽과 독일은 겨울에 매우 춥고 습한 기후조건이 유지되기 때문에, 미세기창이 발전한 한국과 달리 기밀성이 높은 여닫이 시스템창이 발전했다. 또한 창의 면적도 상대적으로 작은 특성으로 산업이 진화했다.

용어정리

1) **일사에너지투과율(SHGC, Solor Heat Grain Coefficent)**: 창호를 통한 일사취득 정도를 나타내는 지표 중 하나로, 태양열취득률이라고도 한다. 창으로 직접 투과된 일사량과 유리에서 흡수된 후 실내로 유입된 일사량의 합으로 산출한다. 일사획득계수는 입사각의 영향을 반영하고, 창호 시스템 전체에 관한 성능 표현이 가능하므로 일사획득에 관한 정확한 지표라 할 수 있다. 0부터 1까지의 수치로 표현되며, 수치가 높을수록 창호를 통한 일사취득이 많음을, 낮을수록 일사취득이 적음을 의미한다.

2.2

Distribution of Window

국내 창호의 유통

창호 제품은 다양하지만, 시장에서 선택하는 제품은 정해져 있다. 크게 PVC창호와 알루미늄창호로 구분하는데 재료의 특성에 따라 제조체와 시장 상황이 다르다. 한국 창호 시장의 형성 과정을 통해 창호의 특성을 알아보자.

글 편집팀

건축가 이기철의 양산 FUNFUN HOUSE.
이건창호 ESS 165 L/S 제품.

Issue of Window

국내 창호 업체와 유통의 쟁점

건축 공사에서는 창호, 엘리베이터, 파사드 등이 가장 큰 비용을 차지한다. 이 중에서 창호가 차지하는 비중은 점점 더 높아진다. 국내 창호 시장은 2조 8,000억 원(2018년 기준)으로 추산되며 매년 성장하고 있다. 재료별로 보면 PVC가 60%(1.6조 원), 알루미늄 26%(7,280억 원), 목재 12%, 기타 2% 정도다. 대기업 3사 LG하우시스(49%), KCC(23%), 현대L&C(15%)가 전체 시장의 대부분(87%)을 차지한다. 국내 창호 업체의 현황과 유통 문제를 짚어본다. 글 심영규

PVC와 알루미늄창호

1980년대까지만 해도 국내 창호 시장은 단열 성능이 없는 알루미늄 단창과 목재창호가 주를 이뤘다. 아파트는 대부분 알루미늄 단창이었고, 단독주택과 저층 빌라의 내부는 목재창, 외부는 알루미늄 단창이었다. 현재 아파트, 빌라 같은 공동주택에는 대부분 PVC창호를 사용한다. LG하우시스, KCC, 현대L&C 등 중화학 기반의 대기업이 아파트의 특판 시장에 저렴한 PVC창을 대량으로 공급했기 때문이다. 전통적으로 알루미늄창을 만들던 동양강철(현 알루코), 남선알미늄, 신양금속공업, 원진알미늄, 경원알미늄 등의 업체는 대형 빌딩에 들어가는 대규모 시장에 주력하며 소규모 시장이나 기술 개발에 소홀했다. 창호등급제로 열관류율 수치가 낮아지고 있지만, 기준에 맞는 업체가 많지 않은 것도 그 영향이 크다. 물론 단독주택과 소형 건축 시장에는 이건창호(p.32), 프레임워크(p.80), 위드지스(p.86), 필로브, 대승창호시스템 등 여러 제조사가 있지만 소비자 입장에서 선택의 폭은 넓지 않다.

 국내 창호 시장의 60%는 PVC다. PVC는 단열 성능이 우수하고 가격이 저렴하기 때문에 장점이 많지만, 화재나 재활용 문제를 비롯해 구조적으로 얇고 크게 만들 수 없다는 단점이 있다. 가장 큰 문제는 시장이 다양하지 않다는 것이다. 이건창호 R&D센터의 이태헌 팀장은 "건설사가 일괄적으로 아파트를 분양하고 건자재를 저렴하게 공급하는 국내 시장에선 수주를 위한 가격경쟁이 중요하기 때문에 기술 개발의 기회조차 없는 경우가 많다"고 지적한다.

과거에는 목재창호가 주로 사용됐다.

현재 PVC창호와 알루미늄창호가 시장을 양분하고 있다. 오른쪽은 이건창호의 진공유리를 적용한 ESS 240 P/S 코너샘플.

이중창과 시스템창호

1988년 이건창호는 국내 최초로 시스템창호 사업을 시작한 이래 알루미늄창틀을 주로 생산했고, 해강휀스타 (현 해강시스템창호)가 1991년 독일에서 PVC 프로파일과 하드웨어를 들여와 국내 최초로 PVC시스템창호를 생산했다. 1994년 KCC는 PVC창호 공장을 세웠고, 1998년 LG화학은 '트라움'이라는 브랜드를 만들어 본격적으로 시장에 대응했다. 융기도 1998년 독일 베카^{VEKA}사의 시스템창호를 들여왔다. 2000년대 들어오며 중소 PVC 압출 업체들이 시스템창호를 개발하기 시작한다. 그리고 한동안 PVC창호가 인기를 끌었으나, 2006년 아파트 발코니 확장이 합법화되면서 아파트와 공동주택 시장에서 밀려나고 위축됐다. 이후 고급빌라나 전원주택을 중심으로 많이 사용됐지만, 2008년 이후 단열 성능 기준이 강화되면서 단독주택을 중심으로 다시 시장이 가파르게 성장하고 있다. 현재는 30여 개의 업체가 경쟁 중이다. 이렇게 시스템창에 대한 관심이 늘어나고 시장이 성장하고 있지만, 대부분의 시장을 점유한 것은 대기업으로 PVC이중창을 주로 제작하고 판매한다.

많은 전문가가 이 중 미세기창에 대해 한국적인 특수성을 지적한다. 실제 이중창을 사용하는 국가는 한국이 거의 유일한데 이는 아파트를 기반으로 한 특유의 주거문화 때문이다. 한국에서는 LG하우시스가 1990년대 이중창을 국내 최초로 개발했고, 현재 미세기창이 시장의 80%를 차지한다. 이중창은 단열이 우수하지만, 개폐가 번거롭고 가시성이 떨어진다. 그러나 당분간 이중창 시장이 전체를 주도할 것이다. 가장 큰 이유는 무게(kg)를 기준으로 가격을 매기기 때문이다. 무게로 실적을 보고하고 매출로 계산하기 때문에, 많은 자재가 들어가 무거운 이중창을 버릴 수 없다. 이는 관공서나 대형 건물을 짓는 조달청 시스템도 마찬가지다. 이에 대해 한국패시브건축협회 최정만 회장은 "성능을 좌우하는 하드웨어나 창틀 대신 자연히 제작이 쉽고 에너지 효율을 쉽게 맞추는 이중창에 주목한다"며 "앞으로 가격 기준은 성능별 면적(m^2)으로 가야 한다"고 말한다. 이어 "창호를 선택하는 건축가는 창을 디자인만으로 보는 게 아니라, 기술을 보는 눈이 생겨야 한다"고 지적한다.

1988년 이건창호는 국내 최초로 시스템창호 사업을
시작한 이래 알루미늄창틀을 주로 생산했다.

국내에서 생산하는 PVC창호는 모두 창호등급제를 받아야 한다.

에너지: 창과 창틀 따로

창호 기술 개발은 국내 에너지 관련 정책, 제도의 흐름과 관련이 깊다. 국내 건축법이 강화되면서(p.48 참고) 일부 제작사는 법에 규정된 열관류율을 맞추기 위해 로이코팅 유리의 숫자를 늘린다. 그러나 코팅 수가 늘어나면 반대로 일사에너지투과율이 낮아진다. 실내 열은 적게 빠져나가지만, 반대로 태양열의 유입량이 줄어 결과적으로 에너지 절약에 이득이 없고 가격만 올라간다.

가장 큰 문제는 열관류율 측정 방법이다(p.63 참고). 유리 회사와 창틀 제조사가 각각 다르지만 하나의 제품으로 공급하고 유리와 창의 성능을 합쳐서 본다. 유리와 창틀의 평균 성능을 평가하다 보니, 유리의 성능이 높으면 창틀의 성능을 높일 필요가 없다. 또한 기밀성 시험 기준이 모호하다. 시험체의 성능뿐 아니라 상태에 대한 기준이 없다. 끝으로 제품이 가진 시험성적서상의 유리와 현장의 유리가 맞는지 확인할 방법이 없다. 판유리 시험에 들어간 제품과 브랜드와 제품 코드가 명기되지 않아 다른 유리를 써도 확인할 방법이 없다. 제품을 제작하는 대기업과 판매, 설치, 유지 보수하는 대리점의 처지가 다르기 때문이다. 에너지 시뮬레이션보다 단순 계량적 시험 결과를 사용하는 것도 큰 문제다(p.64 참고).

시공: 제작사와 대리점 따로

국내 창호 유통에서 가장 큰 문제는 제작 외에 영업, 설계, 시공의 책임이 모두 대리점에 있다는 것이다. 대기업은 제품을 생산하지만 책임지지는 않는다. 최정만은 "대리점 교육과 제품 하자에 대한 재발 방지를 '기술'이 아니라 '돈'으로 한다"고 꼬집는다. 법적 책임을 피하고자 시공 문서를 주지만 실제 시공 현실과 다르다. "일례로 PVC 일부 제품은 보강철물이 없지만, 일정 크기 이상이면 반드시 보강철물이 들어가 자연스레 단열 성능은 떨어진다. 문제는 창호가 아니라 하중과 규격에 맞는 하드웨어와 철물을 매뉴얼대로 제공하지 않는 것"이라고 말한다. 또한 적절한 시공뿐 아니라 시공 후 세팅을 하지 않는다. 각 창호 회사에 제작 매뉴얼이 있고 적합한 크기, 하중, 열리는 문의 크기, 최고 높이가 규정되어 있다. 이에 대해 제조사는 시방서를 공개해 시공에 책임을 져야 한다.

창호 트렌드: 선택의 폭을 넓혀라

유통과 에너지정책, 기술 개발, 시공의 문제가 있음에도 국내 창호 시장은 점점 커지고 있다. 앞으로 PVC와 알루미늄창호 중 어떤 제품이 시장을 이끌까? 현재는 주택과 같은 소규모 건축에선 PVC가, 대형 시장은 알루미늄창호가 대세다. 소규모 근린생활시설이나 아파트는 결국 작은 건물의 조합이므로 PVC가 인기다. 알루미늄이나 철제창틀 제품은 대형 건물에 적합하다. 지진이나 풍압을 견뎌야 하므로 물리적으로 PVC는 취약하다. 창호 제작사는 시장의 타깃을 명확하게 정해 제품 개발도 특화해야 한다.

디자인과 기술 개발로 나타난 제조사의 트렌드도 살펴야 한다. 많은 전문가가 창호등급제로 앞다투어 열관류율을 낮추는 '단열 전쟁'은 이미 마쳤다고 본다. 앞으로는 '단창', '대형화', '슬림화'로 갈 것이라고 전망한다. 디자인 측면에서는 다양화와 사용자 편의성이 점점 중요해진다. LG하우시스 창호연구소 김종태 연구위원은 "기존 창호는 주로 백색이 인기인데, 앞으로 단순하고 현대적인 금속색상 계열로 갈 것이다. 래핑은 필름이라 벗겨지고 스크래치가 생기면 티가 많이 나기 때문에 이중 압출로 갈 것"이라고 말한다. 또 "점점 큰 면적을 요구한다. 하드웨어도 그런 쪽으로 극대화 되고 있다. 시야를 중요하게 생각하기 때문에 슬림한 디자인 역시 대세가 될 것"이라고 예측한다. 많은 창호 제작사가 입면의 창틀 폭을 줄이는 쪽으로 노력하고 있다. 특히 필로브 123 제품은 폭 30mm 이하 제품도 선보이며 얇은 제품 시장을 선도하고 있다. 현재 LG하우시스뿐 아니라 이건창호, 위드지스, 프레임워크 등도 얇은 제품을 개발하고 있다. LG하우시스는 과거 창틀명BF, Blank Frame / SF, Sliding Frame이나 제품규격(220,

LG하우시스는 과거 프레임명이나 제품규격 대신 최근 강도, 기능, 디자인으로 제품을 나누고 '파워세이브 3,5,7', '수퍼세이브 3,5,7'으로 부른다. (왼쪽부터) 수퍼세이브3와 수퍼세이브5 적용 사례.

LG하우시스의 수퍼세이브 7 시리즈의 어반그레이 145, 255 제품을 베란다에 적용한 사례.

250)에 따라 제품명을 정했으나, 최근 강도, 기능, 디자인으로 제품을 나누고 '파워세이브 3,5,7', '수퍼세이브 3,5,7'로 명명했다. 고품질과 다양성을 중요시하는 시장의 요구를 적극 반영한 결과다. 또한 상반기에는 자동환기창도 발매할 생각이다(p.129 참고).

대형 시장이나 몇 개 제품이 전체를 좌우하던 시장에서 다양한 제품과 브랜드, 회사가 참여하는 '춘추전국시대' 시장이 오면, 자연스럽게 경쟁도 치열해지고 소비자의 선택 폭도 넓어질 전망이다.

전원주택과 시스템창호

단열이나 에너지 정책에 민감한 전원주택에서 시스템창호를 많이 사용하다 보니, 목조주택 자재 업체들이 아예 시스템창호를 만드는 경우가 많다. 2010년 목조주택 전문 업체인 삼익산업은 독일 이노텍 시스템창호를 생산했고 스윙Swing 브랜드를 발매했다. 목조주택 자재 유통업체인 나무좋아요는 2016년 독일 살라만더Salamander와 총판계약을 맺고 에스알펜스터를 설립하였다. 최근에는 독일 게알란Gealan 시스템창까지 유통한다. 충청도 기반의 한림에이치우드도 웨디Wedi라는 시스템창호 브랜드를 론칭했다. 인천에 있는 우딘도 독일의 트로칼Trocal 시스템창호를 생산한다.

최근 주목받고 있는 업체도 많다. 써티스Certes란 브랜드로 시작한 대승창호시스템은 고풍압 슬라이딩창호가 강점이다. 2018년 5월 약 3,600m² 면적의 공장을 신축하고 매출이 급상승하고 있다. 선우시스의 이비츠창호와 이다창호는 바닥에 레일홈이 없는 시스템창을 개발해 시판 중이다. 복합창 전문 업체로는 대흥에프에스씨복합창, 원진알미늄, 유니크시스템, 거광기업 등이 있으나 매출이 높진 않다. 최근 한국유리도 베카 제품을 제작 중인 융기와 제휴를 통해 시스템창호 사업에 참여할 계획이라고 밝혔다.

Problems of Window
———————————

왜 모두 똑같은 창호가 있는 집에서 살게 되었나?

과거 기억 속 창은 간유리가 끼워진 미닫이 목재창호였다. 움직일 때마다 덜컹거리고 잠금쇠는 삐걱거리기 일쑤였지만, 전도율이 낮은 목재창틀은 온도 차가 심한 한국 기후에도 문제없을 뿐 아니라 가정집에 어울리는 포근한 느낌의 재료였다. 오랜만에 다시 돌아온 한국에는 목재창호가 사라지고 PVC창호 세상이 되어 있었다. 우리는 왜 모두 똑같은 PVC창호가 있는 아파트에서 살게 되었을까?

글 **김나리**(브이에스에이 코리아 공동대표)

정동 프란시스코 수도원 실내의 목재창호.

재료에 따른 창호 비교

1970년대 석유화학산업의 발전과 더불어 그 가공물인 PVC산업도 원료를 공급하는 대기업 중심으로 발달했다. PVC창호는 1976년 국내 최초 럭키의 '하이샤시' 출시 이래 2000년대에 폭발적으로 성장했다. 이런 발전에는 창호의 성능뿐 아니라 산업 논리가 중요하게 작용했다. 목재창호는 전통적인 방식으로 만들기 때문에 맞춤형 창호를 만들기 좋지만 대량생산에 최적화된 재료는 아니다. 반면 압출 방식을 사용하는 알루미늄이나 PVC는 대량생산이 쉽다. PVC 압출은 알루미늄보다 비싸 창틀을 다양하게 만들기 어렵지만 비교적 조립이 쉬운 장점이 있다.

즉 안정적인 원료 공급과 압출, 대량생산, 쉬운 조립 설치라는 구조가 대규모 아파트 단지 건설과 맞물린 것이다. 이러한 상황 속에 경제적이고 열 성능은 충족하지만 다양성은 부족한 오늘날의 PVC창호 시장이 만들어졌다.

PVC창호는 금속창호보다 단열 성능이 우수하다. 습기에 강하고, 가볍고, 무엇보다 경제적이다. 최근 강화된 에너지정책에 힘입어 상대적으로 열관류율이 낮은 PVC창호와 고성능 유리 시장은 점점 커지고 있다. 에너지 효율 성능을 극대화한 패시브하우스에는 거의 예외 없이 PVC창호가 쓰인다. 에너지 효율성이 중요한 시대에 PVC창호의 활약은 비단 한국에서만 나타나는 현상은 아니다. 2018년 프랑스 창호 시장의 재료별 점유율을 봐도 한국과 비슷하게 PVC창호 60%, 알루미늄창호 28%, 목재창호 12% 정도다.

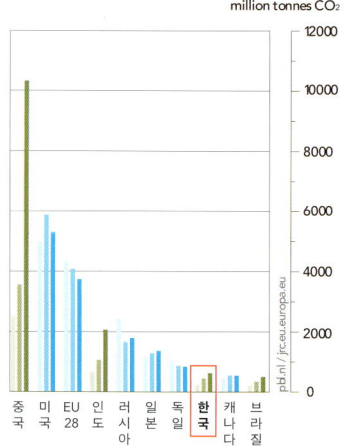

2014년 국가별 이산화탄소 배출 총량 비교
(출처 UNDP, 각국 자료)

이렇게 강점도 많은 PVC창호의 문제점은 무엇일까? 구조적으로 약해서 철재 보강이 필요해 대형 창을 만들 수 없고, 방범 기능이 취약하다. PVC는 자외선에 의해 색이 변하기 때문에 외부 PVC면을 덮기 위해 래핑, 코팅, 금속 접합 등 다양한 기술을 사용한다. 또한 석유화합물인 PVC는 화재 시 불에 잘 타고, 인체에 유해한 가스를 내뿜는다. 공기와 물을 통한 환경호르몬 오염에 따른 유해성 논란에서도 벗어날 수 없다. 플라스틱 중에서도 PVC는 생산과 사용, 폐기 전 단계에서 환경 문제가 발생하기 때문에 재활용이 어렵다. 결국 PVC창호는 경제적이고 단열성은 우수하지만, 탄소 발생과 재활용성, 화재 안전, 유해성 논란 등 환경적 측면을 생각할 때 가장 안전한 재료라고 말하기 어렵다.

에너지정책과 창호의 성능

앞서 언급한 것처럼 PVC창호와 고성능 유리 시장의 성장 배경에는 정부의 에너지 정책을 빼놓을 수 없다. 녹색 건축, 제로 에너지 빌딩, 건축물의 에너지 절약 설계 기준은 지난 몇 년간 자주 등장한 단어다. 이제 한국의 대다수 신축과 리모델링 건물의 에너지 절약은 환경을 위한 자발적인 실천이 아니라 필수적인 법적 규제 사항이 되고 있다.

건축물의 에너지 절약이 이토록 쟁점이 되는 이유는 정부의 온실가스 감축 정책과 관련이 있다. 한국은 세계 10위 안에 드는 이산화탄소 배출국이다. 이에 국내외의 여러 의견에 따라 지난 몇 년간 실제적인 노력을 했으나 구체적 감축 실적은 크지 않았다(사진1). 2016년 정부는 2030년까지 온실가스 감축 목표 37%를 설정하여 그에 따른 기술과 정책을 펼쳐 가고 있다. 이렇게 획기적인 감축을 위해서 국가 전체 온실가스 배출의 약 20%를 차지하는 건물 에너지에 관한 여러 법규가 강화되고 있다.

에너지 관련 법규·감독의 문제점

에너지 관련 법규가 활성화되기 위해서는 공정하고 엄격한 기준으로 건축 자재와 기술을 이해하는 것이 기본이지만 현실은 아직 관련 인력조차 부족하다. 결과적으로 대다수의 건축사사무소와 건축주는 법적 기준을 지키기 위해 자재 회사의 마케팅용 기술 정보에 상당 부분 의존한다. 자재 회사들은 이제 이중복층유리는 삼중복층유리로, 이중로이코팅유리는 삼중 혹은 사중로이코팅유리로 바꾸기를 권한다. 유리와 창호 단열재가 점점 두꺼워지고 고성능화되면서 가격은 높아진다. 결과적으로 에너지 절약을 위해 건축 외피 자재 비용이 빠르게 증가하고 있다. 그런데 에너지 절약 법규를 따르면 결과적으로 건물 에너지가 절약될까?

지난 몇 년간 한국에서의 설계와 시공 과정을 경험한 바로는 꼭 그렇지 않다. 이는 법규 내용상 허점과 부실한 관리 감독 시스템 때문이다.

유리와 창호 단열재가 점점 두꺼워지고 고성능화되면서 가격은 높아진다.

법규에 따라 계산한 열관류율 값의 부정확성

에너지 절약 기준에는 허점이 많다. 법규가 정한 대로 계산한 열관류율 값이 낮다고 외피의 열 성능도 좋다고 할 수 없다. 국내 법규에서 벽체의 열관류율은 그 구성 재료의 종류에 따라 두께에 비례하여 단순수식으로 계산하지만, 더 정확한 컴퓨터 시뮬레이션 계산 값을 인정하지 않는다. 그 결과 열 성능이 떨어지는 금속창틀로 지어진 대부분의 대형 커튼월 건물에서, 벽체의 열관류율 값은 법규에서 인정하는 표와 시뮬레이션 계산 값 사이에 매우 큰 오차가 생기고 실제보다 법규 인정 값이 몇 배 더 좋아지는 상황이 생긴다. 구체적인 실험 값으로 살펴보자. 현재 한국 건축물의 에너지 절약 설계 기준에 따르면 입면은 외벽과 창 그리고 문으로 이루어지는데, 외벽은 불투명 벽과 유리면 중 불투명 부분을 지칭한다. 창과 문은 불투명하거나 투명한 재료에 상관없이 개폐가 가능한 부위를 말한다. 그러므로 외벽에서 창틀의 열손실(열교의 선형 열관류율)은 무시된다. 예를 들어 콘크리트 200mm, 석재 100mm 두께의 벽이 있다면 각 재료의 두께와 열전달률을 반영한 수식으로 계산한다. 반면 금속 창틀을 구조로 하는 커튼월 파사드의 경우 금속 창틀의 열 성능을 완전히 무시하게 되어 실제 값과 차이가 커진다. 다음 장의 자료에선 법규 값은 시뮬레이션 계산 값보다 3.8배 더 좋게 간주한다(사진2). 이런 불합리함에도 불구하고 허가 서류를 검토하는 에너지 전문가나 인프라가 구축되지 못해 커튼월 건물은 법규를 사용할 수밖에 없다. 정작 중요한 벽체에서 열손실이 나도 성능 좋은 유리를 사용해서 합법적인 건물을 짓고 결국 소비자는 비싼 자재비를 지불한다.

법규와 시뮬레이션 간의
불투명 벽체 열관류율 값 비교

왼쪽은 에너지 절약 설계 기준이 정한 계산 방법으로 계산한 불투명 부분의 열관류율 값이다. 불투명 벽체의 창틀 부분을 제외하고 계산하여 창틀에 의한 열손실을 무시하는 계산법으로 벽체 구성 재료의 열전도율과 두께를 이용한 수식 계산이다.

오른쪽은 시뮬레이션을 통한 불투명 부분의 열관류율 값이다. 불투명 벽체의 창틀 부분을 합산하여 계산하고 수직, 수평 창틀과 유리 부분을 각각 시뮬레이션하여 면적 가중을 평균 계산한 뒤 창틀에 의한 열손실을 합산한다.

열손실이 발생하는 창틀 부분을 합산한 결과가 창틀 부분을 제외하여 계산한 결과보다 3.8배 높은 열관류율 값을 가진다. 즉 실제 벽체의 열 성능은 법규에 따른 계산 결과보다 현저히 떨어진다.

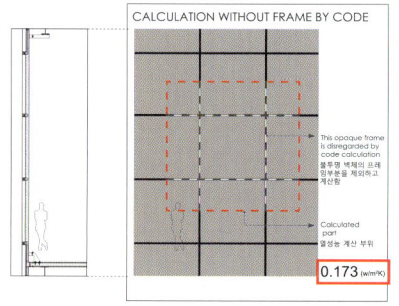
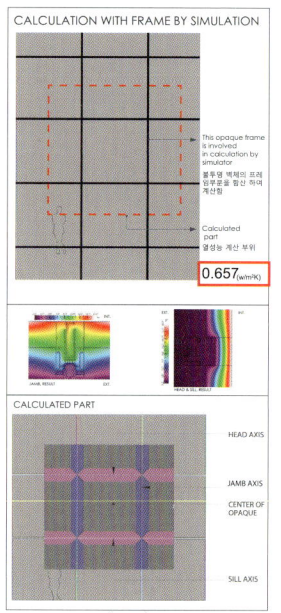

시험성적서와 현실의 괴리

창호의 열관류율 성능은 대부분 자재 회사에서 제공하는 가로, 세로 2m의 창세트 모델로 받은 시험성적서의 결과 값으로 인정받는다. 하지만 제출한 시험성적서와 실제 건물의 상황이 달라도, 시뮬레이션을 통해 보정 값을 계산하거나 재시험하는 경우는 극히 드물다. 그리고 대다수의 경우 허가권자는 제출받은 시험성적서가 해당 건물의 상황과 일치하는지 일일이 확인하지 않는다. 결과적으로 하나의 시험성적서로 허가받은 창호와 실제 설치되는 것이 다르고, 시험성적서에 의한 열 성능 값과 실제 상황의 오차는 매우 크다. 알루미늄 커튼월 고정창의 크기에 따른 성능을 비교한 이미지(p.65 참고)의 경우 고정창의 크기에 따라 30%가량 차이가 날 수 있지만 통상적으로 이런 규격의 차이를 무시한 시험성적서를 제출한다. 창호의 규격뿐 아니라 창틀 구성, 유리 재질 그리고 코팅의 종류와 위치에 따라서도 열 성능 값이 변한다. 하지만 유리 두께와 창틀 종류 같은 주요 사항만 유사하면, 세부 사항이 일치하지 않아도 '기본 시험성적서'를 제출하는 것이 일반적인 현실이다.

법규의 현실화와 인식의 전환

현재 법규상 열 성능 값은 현실과 차이가 크다. 이는 고가의 고성능 자재로도 실제적인 에너지 절약이 불가능할 수 있는 잠재 요소다. 우리는 법규 보완뿐 아니라 검토 관리를 강화해 법규상과 실제 성능 사이에 오차를 줄여야 한다. 이를 위한 구체적인 대책으로는 커튼월 건물에서 벽체 창틀의 열 성능 저하를 반영한 열 성능 값 계산법을 마련해야 하고, 시뮬레이션 열 성능 계산 값을 인정하고 상황에 따라 보정 계산에 대한 협의를 제도적으로 마련해야 한다. 나아가 이러한 해결책 뒤에는 기술력 있는 자재 회사뿐 아니라 에너지 문제를 이해하는 에너지 전문가가 절대적으로 필요하다.

**창 크기에 따른 창 세트
열 성능 값의 변화 비교**

대개 창틀이 유리보다 열 성능에 취약하다. 국내 법규에서 창세트 열 성능 시험체는 2×2m로 규정하므로 단위면적당 창틀의 길이는 2m이다. 실제 창 크기가 0.75×3.75m일 경우 3.2m의 창틀 길이를 가진다. 시험 때보다 실제 1.6배 길이가 늘어나는 셈이므로 열 성능에 불리하다. 임의의 알루미늄 창틀로 시뮬레이션 해보면 결과는 30% 정도 차이가 날 수 있다.

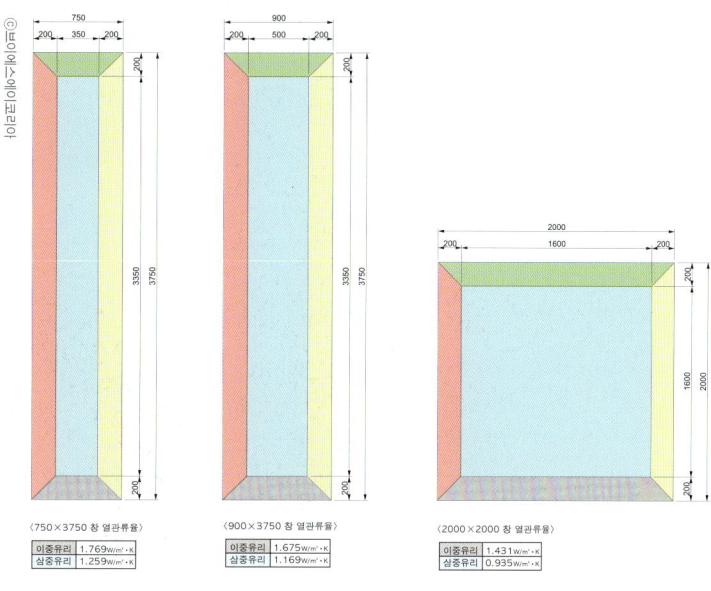

친환경 인증을 받은 자동 차양을 설치한 전면 유리 커튼월 건물 그리고 차양을 드리우고 자연 환기에 유리한 맞통풍이 되는 초가집 중에서 무엇이 친환경 에너지 절약형 건물일까? 고성능 자재로만 에너지가 절약되지 않는다. 환경은 인증, 등급 또는 규제가 아니라 태도와 습관으로 지킬 수 있다. 궁극적으로는 친환경적인 건축 설계와 사용자의 생활 습관이 에너지를 보다 효과적으로 줄인다고 믿는다.

누구나 쓰는 제품이 가장 좋은 제품은 아니다. 목재는 습기와 변형에 취약한 대신 단열성이 뛰어나고 환경과 건강에도 좋다. 최근에는 단점을 극복한 목재도 쉽게 구할 수 있다. 알루미늄은 가볍고 중형 건물 이상에서는 압출해서 맞춤형 창호를 쉽게 만들 수 있다. 알루미늄은 첫 압출에는 에너지가 많이 들지만, 재활용 시에는 처음의 5~10%의 에너지만으로 재가공이 가능하다. 철재창호는 비교적 무겁고 비싸지만, 알루미늄보다 단열성과 내구성이 좋으며, 재활용성도 뛰어나고 탁월한 내화 성능을 자랑한다. 이렇듯 재료마다 장단점이 있기에 소비자와 설계자의 필요에 따라 다양한 재질과 형태의 창호를 선택하는 안목을 키우고, 그에 따라 창호 시장, 나아가 자재 시장이 획일성을 벗어나 좀 더 다양하고 개성 있는 제품들을 생산할 수 있는 환경이 돼야 한다. 그것이 결국 소비자 선택의 폭을 넓혀 한국 건축의 수준을 높이는 중요한 한걸음이 되리라 믿는다.

김나리(브이에스에이 코리아 공동대표)
프랑스, 네덜란드, 홍콩 등지에서 다양한 건축, 도시 프로젝트를 맡으며 건축가로 활약했다. 2010년 브이에스에이에 입사 후 2014년 서울에 브이에스에이 코리아를 공동 설립하였으며, 디자인과 엔지니어링 분야에 대한 경험을 바탕으로 클라이언트와 디자인 팀과 다른 분야 간에 효율적인 소통을 이끌어낸다.

2.3

Selection of Window

창호 선택 기준

창은 하나의 하드웨어로 기본 건축재료와 달리 공산품에 가깝다. 그렇기 때문에 제품의 종류가 다양하고 브랜드별 특성도 다르다. 올바른 창의 선택을 위해 종류별 제품에 관한 이해와 분석이 필요하다.

글 편집팀

Maintenance of Window

창호의 선택과 유지보수

창호의 선택은 주거시설, 업무시설 등 용도에 따라 다르다. 특히 유리의 특성을 많이 고려해야 하는데, 가장 많이 받는 질문 중 하나는 "이중창과 시스템창 중에 어떤 것이 더 나은가"이다. 그러나 각각 가격이 다르기에 절대적인 기준은 없다. 중요한 것은 특성을 잘 파악해 알맞은 창을 선택하는 일이다. 글 **최정만** ((사)한국패시브건축협회 회장)

이중창과 시스템창

저에너지 주택에서 시스템창을 주로 사용하는 이유는 기밀성 때문이다. 그러나 옆으로 움직이는 미세기창은 레일 위를 이동하는 방식이라 일정 수준 이상으로 기밀성을 확보하기 어렵다. 특히 이 방식은 모헤어에 의존하는데, 계속 사용하면 마찰로 닳게 되어 기밀성이 점점 떨어진다. 주기적으로 풍지판과 모헤어를 교체해야 한다. 인터넷 쇼핑몰에 '바람막이' 또는 '풍지판'으로 검색하면 이중창의 기밀성 향상을 돕는 제품을 많이 판매한다. 이 사실만으로도 이중창의 기밀성을 간접적으로 알 수 있다. 이중창은 창틀보다 유리에 전체 성능을 의존한다. 만약 이중창을 선택한다면 창틀의 치수보다 기밀성을 높이기 위해 어떤 조치를 취했는지와 유리의 성능을 주의 깊게 살펴야 한다.

마찰에 의해 기밀성을 내는 이중창에서 기밀성과 부드러움은 양날의 칼과 같다. 반면에 시스템창은 문처럼 여닫기 때문에 처음의 기밀성을 오래 유지할 수 있고 간단한 조작으로 창호의 미세조정이 가능하기에 사용하다가 쉽게 최상의 조건으로 조절할 수 있다. 물론 시스템창 사이에서도 품질의 차이는 분명히 있다. 모든 시스템창의 기밀성이 미세기 이중창보다 우월한 것은 아니다. 시스템창은 설치할 때 하드웨어를 어떻게 조절하느냐에 따라서 차이가 매우 크기 때문에 이를 꼼꼼히 확인해야 한다. 가장 쉬운 방법은 열리는 창에 지폐 한 장을 끼운 후 이를 잡아당겨 쉽게 빠지는지 확인하는 것이다. 만약 '쑥' 빠져나온다면 조절을 하지 않았거나, 잘못된 창이라고 보아도 된다.

시스템창의 단열 성능

시스템창의 단면을 살펴보면 내부가 격벽 구조로 되어 있다. 시스템창의 단열 성능은 이 격벽 구조에서 비롯된다. 창틀의 단열성은 격벽의 개수로 예측할 수 있어 이 구조를 잘 만드는 회사의 제품은 대부분 열적 성능이 우수하다. 격벽의 개수가 최소 5개 이상이면 기본적인 성능을 충족한 창이라고 볼 수 있다.

시스템창은 특히 창틀에 들어가는 하드웨어가 복잡하다(p.24 참고). 열리는 방식 탓도 있지만 손잡이를 잠그면 최소 네 군데가 잠기기 때문에 그만큼 창을 더 기밀하게 만든다. 물론 이 많은 하드웨어 때문에 가격이 올라간다는 단점도 생긴다.

모헤어, 풍지판

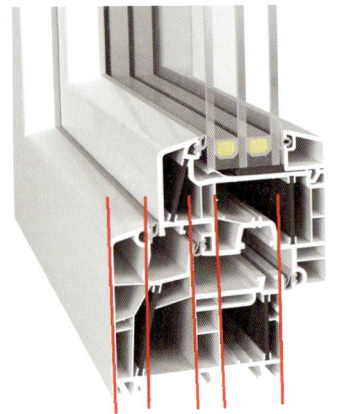

시스템창의 격벽구조. 철물로 나눠진 칸은 전체를 하나의 칸으로 본다.

색유리와 단열 성능

유리는 단열 성능(열관류율), 가시광선투과율, 일사에너지투과율을 모두 고려해야 하기 때문에 창틀보다 훨씬 어렵고 복잡하다. 단열 성능은 창호의 등급으로 비교적 쉽게 파악할 수 있다. 좋은 유리는 이 세 가지 성능이 건물의 용도와 맞는 제품이다.

간혹 색유리를 선택하는 소비자가 있다. 유리에 일부러 색을 넣는 것은 투명성을 저해하고 열선흡수율이 높아져 여름에 상당히 더워진다. 또한 겨울철 일사에너지 유입이 줄어들기도 한다. 그러므로 유리를 선택할 때는 투명유리에 로이코팅한 제품이 좋고 빛가림의 역할은 블라인드로 하는 것이 현명하다. 단 아무리 투명한 유리라도 유리면의 숫자가 많아지면 투명성이 낮아지므로 유리년이 적으면서 같은 단열 성능을 내는 것이 좋다. 정량적으로 가시광선투과율이 0.5 이상인 제품은 투명성에 지장이 없다고 볼 수 있다.

등급	가시광선투과율 (VLT)	일사에너지투과율 (SHGC)
주거시설	0.5 이상	0.4 이상
비주거시설		0.3 이하

다만, 비주거시설이라도 외부차양이 적절하게 설치된다면 일사에너지투과율 0.4 이상 권장

유리 두께와 단열 성능

유리의 단열 성능은 유리 전체 두께로 판단해서는 안 된다. 즉 42mm 삼중복층유리와 48mm 삼중복층유리 중에서 더 두꺼운 것의 단열 성능이 더 우수하다고 생각하면 오산이다. 유리의 단열 성능에서 유리 자체의 두께는 거의 아무런 영향을 주지 않는다. 오로지 유리와 유리 사이에 있는 공기층(가스층)의 두께만 영향이 있다. 그러므로 6(유리)+12(가스)+6(유리)+12(가스)+6(유리)=42mm 제품과 5(유리)+14(가스)+4(유리)+14(가스)+5(유리)=42mm 제품이 있다면, 비록 전체 두께는 같지만, 뒤쪽 유리의 성능이 더 좋다.

이중창도 기밀 성능이 대동소이하다면, 결국 가스층의 두께가 단열 성능을 결정한다. 다만 이 가스층이 일정 두께를 넘어가면 오히려 단열 성능이 떨어지고 유리 회사에서도 그 이상의 두께로 제작하지는 않기에 그리 큰 의미는 없다.

컬러유리의 사용 예.

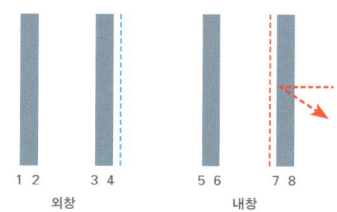

이중창의 로이코팅 위치와 결로.
파란 점선이 결로 위치.

유리가 정상적으로 설치되지 않은 예.

더러운 유리는 일사에너지의 유입을 현저히 감소시킨다.

로이코팅과 단열 성능

최근 로이코팅 유리가 보편화됐다. 고려할 사항이 많은데, 우선 하드 로이코팅이냐 소프트 로이코팅이냐는 핵심이 아니다. 그보다 중요한 것은 시험성적서를 받을 때 사용한 코팅의 종류와 납품된 유리의 종류가 같은지 확인하는 것이다. 다행히 최근의 창호시험성적서엔 로이코팅의 종류가 일정 수준 이상 자세히 적혀 있다.

복층유리, 삼중복층유리에서 로이코팅의 위치는 어느 정도 정리가 되어 있으나, 이중창의 로이코팅 위치는 설왕설래가 많다. 이중창이 주로 주거시설에 들어간다고 보면, 이론적으로는 내측창(7번 면)에 위치하는 것이 옳다. 그러나 이 경우 내외창 사이의 공간에 결로현상이 두드러진다. 열은 눈에 보이지 않지만 결로는 보이기에 많은 이중창 회사는 외측창에 로이코팅을 해 내부 결로를 줄이는 방향으로 제품을 생산한다. 이는 기밀하지 못한 이중창의 숙명이기도 한데, 만약 중간층에서 결로가 심하다면 위에 언급한 이중창의 기밀 성능을 높이는 부자재를 설치하면 도움이 된다. 주거시설과 비주거시설을 설계할 때, 도면에 명기하는 성능은 70p의 표와 같다. 이 기준을 만족하면 유리 선택을 실패할 확률이 낮다. 이 수치는 유리 시험성적서에서 확인할 수 있다.

현장에서 유리가 제대로 끼워졌는지를 확인하는 방법은 실내에서 유리 한쪽 끝의 마크를 보았을 때 글자가 제대로 읽히면 정상적으로 설치된 것이다.

창의 관리

슬라이딩창은 앞선 글에 설명했듯이 기밀을 담당하는 풍지판을 필수적으로 두고 모헤어를 3~4년에 한 번씩 새것으로 교체하며 관리한다. 시스템창은 준공 후 1년이 지나면 유리의 무게 등으로 인해 미세하게 틀어져 조정을 해야 한다. 그리 어렵지 않기 때문에 창호 회사로부터 조정법을 배워 두면 쉽게 관리할 수 있다. 문제는 유리의 청결도다. 유리가 청결하지 못하면 일사량의 10~30% 정도 손실이 생기며, 이를 겨울철 난방비로 계산하면 99m² 면적의 주택에서 거의 10만 원이 넘는 비용이다.

또한 창틀에 먼지가 계속 쌓여 있으면 미관상 좋지 않은데 이것이 내부의 물구멍을 막을 수도 있고, 물구멍을 통과하여 외벽면의 오염을 가중할 수 있기 때문에 최소 반년에 한 번은 깨끗이 청소를 해줄 필요가 있다.

Interview 1

PVC 시스템창호를 만나다

1988년 이건창호가 독일 슈코사와 기술 제휴하며 유럽식 시스템창호를 처음 들여온 이후 알루미늄창호뿐 아니라 PVC창호도 속속 국내에 소개되고 있다. 과거엔 유럽에서 비싼 값에 직수입했으나 2012년 한국패시브건축협회에서 독일 레하우REHAU와 케멀링KOEMMERLING 등의 제품을 소개하며 국내 수입사들이 프로파일(창틀)을 들여와 가공하는 형태로 판매하고 있다. 현재 살라만더, 레하우, 케멀링, 게알란, 베카 등의 독일 창호 브랜드가 국내에서 조립·유통되고 있다. 바야흐로 독일식 시스템창호의 춘추전국시대가 도래했다.

고분자중합체와 유리섬유강화플라스틱으로 만든 창호

글로벌 3대 창호 회사는 레하우, 프로파인Profine 그룹, 베카이다. PVC 기준으로 단일 브랜드로 치면 레하우가 가장 크다. 그러나 제품의 품질 자체는 큰 차이가 없다. 국내 창호 회사인 KCC, LG하우시스, 현대L&C 창호가 특별한 차이가 없는 것과 마찬가지다. 안재영 이사는 "레하우는 국내 유통사가 여럿이다. 그만큼 제품이 매력적이라는 뜻이기도 하다"라고 말한다.   인터뷰 심영규   인터뷰이 레하우 안재영 이사

감씨(감): 레하우가 다른 독일 시스템창호 제품과 다른 특징은?

안재영(안): 현재 독일식 PVC 시스템창호는 3중 개스킷, 6체임버가 기본사양일 정도로 기술이 우수하다. 하드웨어나 유리 사양은 대리점에서 결정하고 결국 프로파일 차이다. 프로파일 차이만 본다면, 레하우는 고분자중합체Unlimited Polymer Solutions를 사용하는 점이 다르다.

레하우는 창호가 아니라 자동차 범퍼 같은 내외장재가 주력인 회사로 독일 고급 자동차 회사에 플러그앤플레이식으로 납품한다. 창호는 열관류율과 기밀성이 가장 중요하다. 단열을 위해 글레이징 블록을 끼우는데 수축 팽창을 하므로 프로파일의 탄성이 중요하다.

또한 플라스틱 성형 기술이 우수하고 광택이 다르다. HDFHigh Definition Finishing 방식으로 표면처리를 하기 때문이다. 저렴한 창호는 창틀이 변색되거나 표면코팅이 고르지 못하다. 레하우 제품 내부는 백색이 많은데, 도장이 아닌 코팅이라 오랫동안 처음 상태를 유지할 수 있다.

끝으로 PVC 제품은 구조적으로 약해 내부에 보강 철물이 들어간다. 게네오Genoe 제품은 고강도 경량 제품으로 라우피프로RAU-FIPRO라고 일종의 유리섬유강화플라스틱을 사용하는데, 철물 없이 안정적으로 압출할 수 있다. 기존 제품은 보강 철물 없이 폭 600~1,000mm 제한이 있다는 단점이 있었지만 이를 극복했다.

게네오는 보강철물이 없는 라인이고 지네고는 두께 80mm로 슬림하면서 단열 성능이 좋은 신제품으로 여닫이 젖힘창이 가장 인기다.

감: 창호의 종류와 조립, 하드웨어에 차이가 있나?

안: 기본적인 종류는 개폐 방식에 따라 다양하다. 여닫이젖힘은 단창으로 많이 쓰이고, 미세기젖힘은 거실창에 쓰는데 폭 2,000mm 이상 된다. 무거운 삼중유리가 떨어지는 느낌이라 많이 쓰지 않고. 대신 평행미세기창parallel slide을 가장 많이 쓴다. 제품 브랜드 중에선 게네오, 지네고Synego가 가장 많이 나간다. 게네오는 보강 철물이 없는 라인이고 지네고는 두께 80mm로 슬림하면서 단열 성능이 좋은 신제품으로 여닫이 젖힘창 제품이 가장 인기다. 조립은 보통 수입사가 한다. 유로레하우는 화성 공장에서 제작한다. 일반적으로 PVC창호는 표면을 평평하게 다듬으면서 생기는 사상 자국이 보이는 게 단점인데 래핑할 경우엔 더 심하다. 용접할 때 올라온 부분을 깎아내기 때문이다. 화성 공장에선 그라프시너지GRAF Synergy사의 용접기를 사용해 웰딩심을 내부로 감춰 깔끔하다.

하드웨어의 선택은 개별 옵션으로 로토, 지게니아, 빙크하우스, 헤펠레Häfele 등이 유명하다. 독일식 프로파일의 단점은 두께가 두꺼워 창에 다는 블라인드와 간섭이 일어나는 것이다. 경첩도 많이 걸린다. 레하우는 노출형 대신 숨은경첩을 사용해 이를 최소화한다. 지게니아는 숨은경첩에 경쟁력 있는 가격을 가지고 있다. 미세기 젖힘창의 경우는 빙크하우스가 경쟁력이 있어서 사용한다. 살라만더는 마코라는 오스트리아 제품만, 케멀링은 지게니아 제품만 사용한다. 제품마다 궁합이 있기 때문이다.

감: 별도 시방서도 공개하나?

안: 모두는 어렵고 일부 공개한다. 그렇지 않은 회사도 있다. 눈에 보이지 않기 때문이다. 성해신 사이즈나 하드웨어 스펙이 그 철재를 사용했을 때의 기준이기 때문이다.

　독일은 국내와 달리 모든 스펙과 시방이 세세하게 정해져 있다. 인장과 보강재 가이드라인까지 상세하다. 단가에서 불리하지만 보강 유무에 따라 성능이 크게 달라지기 때문에 원칙을 지켜야 한다.

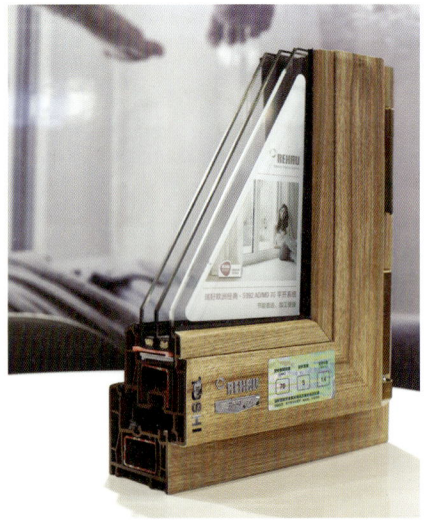

레하우는 플라스틱 성형 기술이 우수하고 광택이 다르다. HDF 방식으로 표면처리를 하기 때문이다.

여닫이젖힘은 단창으로 많이 쓰이고, 미세기젖힘은 거실창에 쓰는데 폭 2,000mm 이상 된다. 무거운 삼중유리가 떨어지는 느낌이라 많이 쓰지 않고. 대신 평행미세기창을 가장 많이 쓴다.

독일식 창호의 열풍

특히 독일 창호 브랜드가 많은데 대부분 중소 업체가 라이선스를 맺고 PVC 프로파일을 들여와 국내에서 조립·판매하는 형태다. 독일의 베카, 케멀링, 레하우, KBE, 살라만더, 알루프러스트, 게알란, 이노텍 등의 업체와 이탈리아 알파칸뿐 아니라 중국 프로파일 제품까지 수입해 판매한다.

베카는 주로 융기에서 조립·판매하고, 우리시스템창호와 윈체도 판매하고 있다. 현재 40여 개의 취급점이 있다. 케멀링은 포천에 있는 엔썸에서 프로파일을 수입하여 생산하고 있다. 알루프러스트는 코인스와 윈텍솔루션에서 판매하고 있으며 현재 동국특수유리(브랜드 조하나)와 에이보도 생산하고 있다. 살라만더는 에스알펜스터에서 독점 수입해서 판매한다. KBE는 우신윈시스템에서, 이노텍은 삼익산업에서 제작한다. 게알란은 유로게이트에서 제작판매하고 있고 최근 에스알펜스터에서도 제작한다. 데코텍에서 코렐시스템창호를 생산한다.

미국식과 독일식?
미국식과 독일식 창호는 열리는 방식에서 크게 차이가 난다. 독일식은 국내 제작과 수입산이 섞여 있고, 미국식은 일반적으로 수입산이다. 독일식보다 무게가 가볍고 시공이 쉬우나 단열, 방음, 기밀에 다소 약하다. 독일식 창호는 차단형이라 기본 개폐 방식이 여닫이로 무겁고 하드웨어의 기능이 중요하다. 틸트온리(T/O), 턴앤틸트(T/T), 리프트앤슬라이드(L/S), 턴앤슬라이드(T/S) 방식이다. 반면 미국식은 하드웨어의 기능보다 간편한 사용감이 중요하다. 상하좌우로 여닫는 미닫이가 기본 개폐 방식이다. 대신 밀착력이 낮아 방범이나 단열성이 비교적 떨어진다. 상하개폐 방식 S/H$^{Single\ Hung}$은 상부는 고정이고 하부만 열리는 식으로 폭이 좁고 높이가 높은 곳에 주로 시공한다. C/M^{Casement} 창은 밖으로 여는 방식이다. 밀폐성이 뛰어나고 단열, 방수가 우수해 소음이 많거나 기온이 낮은 지역에 권장한다. A/W^{Awning}은 창문이 바깥 위쪽으로 들어 올려 열린다. P/D$^{Patio\ Door}$는 아파트 베란다로 나가는 거실과 같은 형식이다.

가성비가 우수한 독일식 창호를 공급하다

15년간 목조주택 전문회사 나무가좋아요를 운영하던 박세민 대표는 2016년 에스알펜스터를 설립했다. 목재를 유통하면서 창호 트렌드가 변하는 것을 직감했기 때문이다. 전원주택에 살면 에너지에 민감하고 단열재와 창호에 관심을 가진다. 때마침 한국패시브건축협회도 생기고 국내 단열 기준도 강화됐다. 그는 독일식 시스템창호를 들여와야겠다고 생각했는데 처음부터 독점을 제안했다.

인터뷰 심영규 인터뷰이 에스알펜스터 박세민 대표 사진 이한울

감씨(감): 점유율이 높다. 비교적 짧은 기간에 안착했다.
박세민(박): 독일식 창호는 광고보다 품질이다. 모든 독일식 창호는 제작 매뉴얼이 있다. 그러나 너무 상세하고 다양해 대부분 원가 절감의 이유로 그대로 제작과 시공하지 않는다. 겉모양만 같고 디테일을 바꾸는 식이다. 반면 살라만더는 매뉴얼대로 제작한다. 창호는 자체의 강도뿐 아니라 풍압, 하중과 같은 외부 요인도 중요하다. 그렇기 때문에 모든 보강재나 규격이 정해져 있다. 매뉴얼에 맞춰 만드는 것이 중요하다.

에스알펜스터 박세민 대표.

기본적으로 타제품과 성능은 비슷하지만 표면 강도가 우수하다. 좋은 안료를 사용해 오염에 강하다. 최근에 제품 표면에 래핑을 많이 하는데 아예 독일 현지에서 해온다. 래핑지뿐 아니라 기계와 래핑 시 온도도 중요하기 때문이다. 20~30°C의 상온에서 작업해야 프로파일에 영향을 주지 않는다. 대부분의 물량은 정해진 색상 내에서 판매를 하고 철저한 검수 과정을 거친다.

감: 다른 제품과 비교해 가격 경쟁력이 있는 이유는?
박: 래핑과 보강재까지 모두 수입하기 때문에 원가가 높은 구조지만 국내 독점이라 유리한 부분이 있다. 매입 경쟁력으로 정품 자재를 쓰면서 소비자들이 원하는 가격을 맞춘다. 더불어 하드웨어는 100% 마코사 제품을 독점해 사용한다. 전 세계적으로 하드웨어 매출로 보면 지게니아, 로토, 마코다. 하드웨어의 모양이 조금씩 다른데, 마코의 장점은 전 제품의 98%를 오스트리아에서 생산한다는 점이다. 중국이나 해외 공장이 없다. 가장 인기있는 건 블루에볼류션82 제품이다. 열관류율은 0.7W/m²K로 단열 성능이 우수하고 가성비가 좋다. 제품은 주로 대리점 체계로 판매되며 현재 총판 한 곳과 대리점 열두 곳이 있다.

감: 프로파일뿐 아니라 하드웨어까지 독점해서 얻는 장점은?
박: 매입 가격 경쟁력이 있다. 또한 프로파일과 하드웨어를 독점하기 때문에 정보가 빠르다. 일반적으로 에이전시를 끼면 이들이 소개하는

4,000m²의 공장에서 하루 최대 100개 정도의 창틀을 생산한다.

평행미세기창의 구동방식.

것만 다룬다. 그러나 우리는 본사에서 직접 정보를 받기 때문에 유통이 빠르다.

감: 그렇다면 최근 창호 트렌드의 변화는?

박: 독일 뮌헨에서 바우[BAU]라는 창호 박람회가 열리는데, 이 자리에 모든 신제품이 나와 한눈에 트렌드를 읽을 수 있다. 건축은 점점 단순하고 모던하게 가는 추세로 이에 따라 창호도 얇아지고 있다. 단열에 대한 소비자의 요구도 높아지고 있다. 미래의 트렌드인 단열과 디자인을 만족하는 창은 독일식 창이다. 살라만더는 101년 된 회사로 꾸준한 사랑을 받고 있다. 한국의 미세기 방식은 일본, 캐나다, 미국 정도에서만 사용한다. 그밖의 유럽이나 동남아시아, 인도 등 대부분의 나라는 독일식 창호를 선호한다.

특히 PVC창호는 알루미늄에 비해 투박하기 때문에 성능을 유지하면서 디자인을 날렵하게 해야 한다. 폭은 그대로 하고 창틀의 두께가 얇아지는 방식이다. 가시성이 좋고 개방감이 뛰어나다. '히든벤트'라고 하는데, 밖에선 고정창으로 보이는데 내부로 열린다. 외부에서 보면 창틀만 보이고 새시를 숨긴다. 이런 방식으로 모던함을 추구하는 게 유럽의 움직임이다.

감: 포천 창호단지에 있는 조립 공장의 규모가 크다.

박: 현재 창호단지에 20군데 정도의 회사가 있는데 독일식 창호 회사는 케멀링, 베카, 게알란, 살라만더가 있다. 우리는 4,000m^2 면적의 공장에서 하루 최대 100개 창틀 정도 생산한다. 원래 가공 기계는 수동이었으나 공장을 확장하면서 시설을 확충했다. 최근 자동화 추세인데 현재는 수동과 반자동화 두 개 라인을 운영 중이다. 반자동은 재단과 용접을 자동으로 하고 결속과 조립은 수동으로 한다.

살라만더 조립 공장을 가다

독일 살라만더 창호를 조립·판매하는 에스알펜스터는 최근 포천에 공장을 완공하고 반자동 공정을 증설했다. 공장 한편에 있는 수동 공정까지 더해 하루 최대 100개의 창틀을 생산할 수 있는 시스템을 갖췄다.

1 다양한 색상과 무늬의 PVC 프로파일을 독일에서 수입해온다. 실내에 보관해야 상온에서 변형 없이 래핑 작업이 가능하다.

2 프로파일을 조립하기 전에 드릴로 구멍을 뚫어 조립을 위한 나사와 하드웨어 자리를 만든다.

3 주문된 치수에 맞게 프로파일을 절단한다. 터키 카반^{KABAN} 사의 기계를 도입했다.

4 자동용접기계로 네 모서리를 열로 녹인 다음 표면을 정리하는 사상 작업을 거쳐 창틀을 완성한다.

5 스트라이커, 드라이브 기어, 발코니 도어 체크, 코너 드라이브 등 각종 하드웨어를 조립한다.

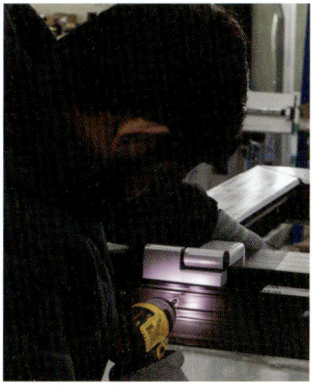

6 경첩과 손잡이를 마지막으로 조립한다.

7 제작이 완료된 창호는 검수 과정을 거쳐 출하반으로 운반한다.

Interview 2

시공사와 건축가가 함께 만들다

2017년 설립된 프레임워크는 이름처럼 프레임이 얇은 알루미늄창호를 제작하는 회사로 독특하게 시공사와 건축가와 창호 업체가 합작해서 만들었다. 창호에 대한 중요성이 점점 더 커지는 시점에서 자신 있게 출사표를 내민 것이다. 본지를 통해 처음 소개하는 프레임워크의 조성옥·한상우 대표를 만나 그간의 기술 개발 과정을 들었다.

인터뷰 심영규 인터뷰이 프레임워크 조성옥·한상우 대표 사진 윤준환

감씨(감): 이름이 특이하다. 프레임워크에 대해 소개해 달라

조성옥(조): 프레임을 얇게 한다는 의미인 '프레임리스'에서 차용했다. 2017년 12월 말에 시작해 1년이 채 안 됐는데, 50억 원 정도 매출을 올렸다. 의미 있는 성과다. 부산을 기반으로 한 건축가 10여 명과 시공사 콘크리트공작소 그리고 창호 제작 업체가 만났다는 점이 특징이다. 건축가 이름을 걸고 나갈 수 있는 창호를 만들고자 의기투합했다. 초기 작업은 주로 부산에 많지만, 본사는 서울 마곡에, 공장은 시흥에 있다. 내년에 생산시설도 증설하고 부산 공장도 만들 예정이다.

감: 왜 이렇게 특이한 방식으로 창호 회사를 만들었나?

한상우(한): 한국의 창호 유통은 대리점 체계에 의존한다. 제품의 제작과 유통, A/S까지 모두 대리점이 담당하는데, 여러 제품을 섞어서 팔기 때문에 책임감이 부족하다. 소속감을 느끼고 일하는 것과 영리 목적으로 일하는 것이 다르기 때문이다. 또한 제작 회사는 공장을 가지고 있지만 품질 관리를 못 한다. 우리는 좋은 건축물을 시공하는 것이 중요하다. 그러기 위해 우리 입맛에 맞는 창호를 만들었다.

서울시 서초동 콘스페이스 사옥 내부. 설계는 제이엠와이아키텍츠, 시공은 제이아키브가 했다. 창호 제품은 프레임워크를 사용했다.

경기도 파주 헤이리에 있는 느림보출판사.
1층은 사옥 2층은 주택으로 사용한다. 설계는
제이엠와이아키텍츠가, 시공은 콘크리트공작소가
했다. 창호 제품은 프레임워크를 사용했다.

갑: 기존 알루미늄창호와 비교해 어떤 장단점이 있나?

한: 이건창호의 단열 성능과 필로브의 얇은 창틀을 결합했다. 간단히 말해 이건창호와 필로브의 장점만 모았다. 가장 큰 특징은 카탈로그에서 기성품을 고르는 게 아니라 맞춤제작 방식이라는 점이다. 기존의 프로파일만 사용하면 디자인의 미려함이 떨어지기 때문에 맞춤옷처럼 디자인과 디테일에서 하나하나 신경 쓰고 성성을 들인다. 소량이라도 원하는 프로파일을 사용한다. 작은 시장도 대응하겠다는 의지다.

두 번째로 시공사가 함께 하므로 시공의 완성도가 높다. 건축설계 단계부터 적합한 창호를 설계하고 제작한다. 주문제작이라 시간이 다소 걸리지만, 골조공사 직후에 바로 시공할 수 있도록 사전에 준비한다.

끝으로 품질관리다. 기간을 정하지 않고 A/S 할 예정이다. 앞으로도 직영 개념으로 본사에서 직접 관리할 것이다. 단점은 하루에 제작하는 창세트가 10~20개 정도로, 소량 생산이라 물류비가 많이 든다.

갑: 기술적인 특징은?

조: 기획 단계부터 건축가와 시공사, 창호 기술자가 모였다. 실제 설치 과정 중에 생기는 문제뿐 아니라 A/S 문제를 잘 알기에 유리한 부분이 있다. 구체적으로 말하면, 대부분 건축가는 얇은 창틀을 선호하고 최소화하기를 원한다. 그러면 시공이나 설치 비용이 증가하는 대신 단열 성능이 떨어진다. 건축주 입장에선 단열 성능이나 누수, A/S가 더 중요하다. 시공사 입장에서는 현장 설치의 용이성이 더 중요하다. 특히 배수 부분이다. 국내 창호에서 가장 취약한 부분이 마감선과 배수다. 한국이 눈비가 많은 악조건이기 때문이다. 배수 시스템을 프로파일과 접목하려고 연구했다. 프로파일을 만들 때부터 제품 내부에 배수 시스템을 접합해서 이를 해결했다.

하드웨어 연구도 많이 했다. 이건창호는 경첩바가 두껍다. 필로브는 창호가 얇다 보니 창틀의 개폐 구동방식이 타사와 다르다.

느림보 출판사 사옥 전경.

손잡이가 블라인드에 걸리는 등 사용하면서 생길 수 있는 문제도 해결했다.

두께는 이건창호보다 얇다. 필로브보다 일부 두꺼운 제품도 있고, 도어는 얇은 제품도 있다. 앞으로 단열과 배수, 더 얇은 창호를 연구할 것이다. 알루미늄창호는 폴리아미드 압출바를 얇게 하는 데 한계가 있어 더 좋은 성능의 소재를 찾고 있다. 풍압이나 크기 같은 구조적인 문제가 아니면 전원을 넣어서 결로를 방지하는 등의 물리적인 방식도 고민 중이다.

감: 홍보와 마케팅도 다르다고 들었다.
한: 현재 건축가 10여 명과 함께 협업한다. 일반 소비자를 대상으로는 마케팅을 하지 않고 앞으로도 건축가들과 일할 계획이다. 우리가 창호 회사를 시작한 이유는 단순하다. 광고 없이 좋은 창호를 우리가 시공하는 건축물에 사용하기 위해서다. 덕분에 가격도 이건창호보다 20% 정도 저렴하다.

기존 창호 시장에서는 선택의 여지가 별로 없었다. 특히 알루미늄창호는 더 심했다. 국내 업체는 별로 없고, 해외사의 수입품은 고가다. 그만큼 업체에 요구할 수 있는 것에도 한계가 있다. 사용자 입장에서도 불편한 부분이 많지만 개선하기 힘들다. 이제 단열은 기본이다. 그건 생존할 수 있는 기술이 아니다. 디자인도 건축가가 원하는 수준까지 맞춰야 한다. 우리의 경쟁 상대는 세계 최고의 알루미늄시스템창호사인 스위스의 파노라마다.

부산시 해운대구에 있는 스페이스달 전경. 설계는 제이엠와이아키텍츠, 시공은 콘크리트공작소, 창호제품은 프레임워크를 사용했다.

창호
상세 단면도

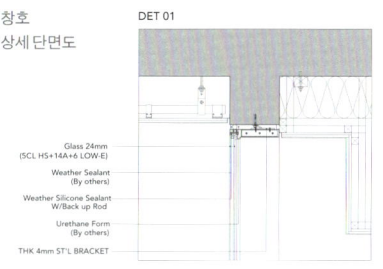

DET 01

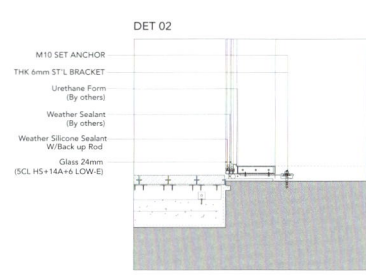

DET 02

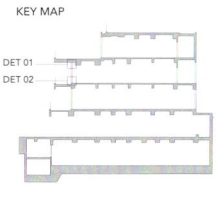

KEY MAP

Interview 3

프레임리스창에 도전하다

2014년 설립된 위드지스Withjis는 인천광역시 서구 원창동에 본사와 공장을 두고, 고급 실내창과 알루미늄중문 중심으로 제작하며 빠르게 성장하고 있다. 2018년에는 매출 90억 원으로 전년도 대비 60% 가까이 성장했다. 올해 초 강남에 전시장을 열고 고급 프레임리스창호를 본격적으로 출시했다. 위드지스 강남 전시장에서 김광호 대표를 만났다.

인터뷰 심영규 인터뷰이 위드지스 김광호 대표 사진 제공 위드지스

감씨(감): 위드지스는 알루미늄 미닫이·여닫이 문을 중심으로 생산했는데, 최근 하이엔드창호를 발매한 배경은?

김광호(김): 우리는 남들이 못하는 것, 특히 대기업이 못하는 것을 찾았다. 우연한 기회에 알루미늄중문을 제작하게 됐다. 지금도 중문 시장은 저가 제품 중심이다. 단순히 옷장에서 확장된 개념이다 보니 저렴한 중국산 하드웨어를 쓰는 경우가 많다. 중문은 건축의 일부인데, 가구용 하드웨어를 쓰니 당연히 좋은 제품이 드물었다. 시장의 문제를 파악하고 우리가 잘 만들 수 있는 부분에 집중했다.

하이엔드창호는 2019년 1월 공식 발매했다. 중문을 만들다 보니 자신감이 생겼다. 창호도 기존의 중문 기술과 일맥상통한다. 경쟁사 제품과 비교해도 열관류율이 낮고 시뮬레이션 열성능 값도 더 잘 나와서 자신 있었다. 바로 국내시장을 조사했다. 국내엔 고급 알루미늄 시스템창호가 많지 않은데, 그마저도 국제 수준에 맞지 않았다. 세계적으로 이미 창호 시장의 기술은 어느 정도 공개되어 있다. 앞선 기술이 많은데 국내에 적용되지 않은 것이 아쉬웠다.

감: 구체적으로 어떤 기술을 말하는 건가?

김: 유럽의 창호는 프레임리스 계열의 '미니멀', '대면적' 제품이 대세다. 건축 외관에서 창호가 차지하는 비중이 큰데, 국내엔 창호를 크게 만드는 제조사가 별로 없었다. 우리는 두 가지 방식으로 이를 구현했다. 첫 번째는 들어미세기

위드지스 인천공장 및 전시장 전경.

위드지스 인천공장에 있는 전시장.

방식이다. 독일 지유사 등 많은 하드웨어 업체가 기술을 공개하고 부품을 제작한다. 고하중용과 저하중용이 있는데, 국내에선 저하중용만 사용한다. 그러나 우리는 고하중용 하드웨어를 사용했다.

두 번째는 파노라마창이다. 창호는 면적이 넓으면 자연히 무거워진다. 기존 창호는 편리성을 위해 창짝에 롤러를 설치하는데 크기가 작고 몇 개 밖에 설치하지 못한다. 반면 우리 제품은 창틀에 롤러를 설치한다. 100mm 단위로 촘촘히 설치하기 때문에 무거운 하중을 견딜 수 있다. 대신에 시공정밀도가 0.5mm 이하여야 한다. 특히 롤러를 많이 설치하면 개폐 시 하부 창틀에 걸릴 수 있어 수평레벨이 중요하다. 기존 제품은 수평레벨의 허용오차가 2~3mm 인데 위드지스는 시공정밀도 0.5mm 이내로 설치한다.

감: 그렇다면 시공이 더 중요할 텐데 위드지스는 대리점 체제 아닌가?
김: 중문의 경우 전국에 대리점 열세 곳이 있다. 우리의 모토는 "절반은 제품 품질, 절반은 시공 품질"이다. 그만큼 시공 품질이 중요하다. 대리점을 열기 전에 전시장을 갖춰야 하고, 시공 교육을 길게는 한 달까지 받는다. 이런 시스템을 갖췄기 때문에 시공 품질을 확보한다. 창호의 경우 아직 본사 시공 시스템으로 하고 있다. 시작한 지 얼마 되지 않은 창호는 대리점이 두 곳 있는데 향후 더 체계적인 시스템을 갖출 예정이다.

감: 국내 알루미늄시스템창호 시장에 출사표를 던졌다. 기존 시장을 어떻게 분석했나?
김: 이 시장은 가만히 두면 안 커진다. 대기업이 국내 창호 시장을 왜곡해왔다. 에너지 성능만 중요하게 만들어 알루미늄 제품의 진입을 어렵게 했다. 이 추세라면 알루미늄창호 시장은 점점 어려워질 것이다. 그러나 아직 기회는 있다. 현재 고급 주택의 창호는 완성도가 높지 않다고 생각한다. 이는 건축가가 디자인하는 데 제약이 있어서다. 그 제약을 제거하고 싶었다. 주택은 평생 한 번 짓는 것이니 창호 수명은 건물의 생애주기와 같아야 한다. 특히 고급 주택엔 기존 PVC 시스템창호가 어울리지 않는다. PVC는 제작과 시공 모두 쉽지만 시간이 지나면 문제가 생긴다.

가령 자동차도 가성비만을 기준으로 구매하지 않는다. 최근에는 국산 자동차도 고성능을 따지는데 주택만 가성비 기준으로 설계, 시공되는 현실이 안타깝다. 우리나라 경제 수준을 고려할 때, 주택도 개성과 다양성이 존중되어야 한다.

△△ 시공된 간살도어 제품.
△ 강남에 있는 위드지스 중문 전시장 전경.

위드지스 창호
강남 전시장. 사용
제품은 WS189,
4000×3200mm

갑: 창호 관련 특허를 가졌다거나 경쟁사 대비 기술적 우위점은 무엇인가?

김: 국내시장에서 특허는 큰 의미가 없다. 특허보다 시장의 상황이 문제다. 좋은 제품을 쓰고 싶어도 좋은 제품 자체가 없다. 여유가 있어 좋은 집을 짓고 싶은 사람은 많은데, 시장에 좋은 제품이 거의 없으니 수입해야 한다. 이런 현실이 안타깝다. 일례로 국내엔 전동식 실외창이

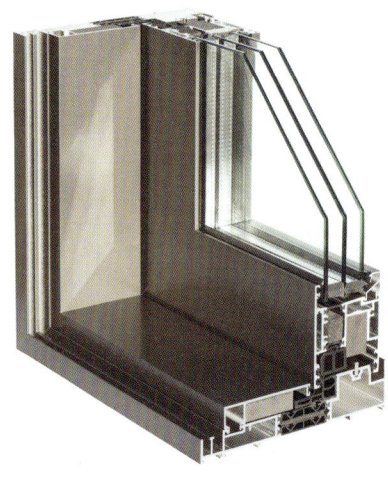

없다. 그러나 많은 회사가 이미 사용하고 있다. IoT Internet of Things 기술은 중국이 앞서 있다. "창문 열어"라고 말하면 자동으로 열린다. IoT를 접목하면 외부 공기를 측정해서 자동으로 환기를 위해 창문이 열리고 해가 지면 닫힌다. 또한 코드핸들 제품은 창호 손잡이에서 자동 잠금도 가능하다. 이렇게 다양한 기술과 하드웨어가 많은데, 관심도 없고 아는 사람도 별로 없다.

갑: 창도 중요하다. 특히 실내 파티션 제품에서 타사 제품과의 차별성이 궁금하다.

김: 일반적으로 실내창은 갈바륨 금속을 접어 실리콘으로 코킹한다. 우리는 개스킷 타입으로 건식이다. 습식보다 깨끗하고 입면도 얇다. 모든 하드웨어에 자체 검증한 제품을 사용한다. 생산부터 시공, A/S까지 관리하니 설치된 제품의 완성도가 높다. 특히 하드웨어에 특화되어 있다. 대면적 제품이다 보니 저하중용부터 고하중용까지 개발했고, 댐퍼도 아홉 가지가 있다. 구동 방식과 디자인도 다양하다. 유리는 실외창의 경우 평활도나 코팅 방식이 뛰어난 자산유리를 주로 사용한다.

원터치 자동 개폐장치와
버튼식 손잡이 잠금장치.

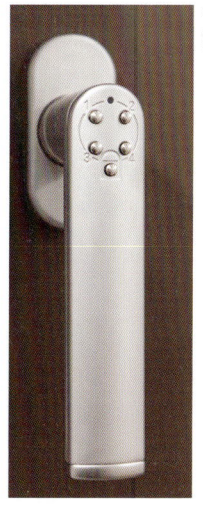

감: 실내창과 실외창 중에서 가장 인기 있는 제품은?

김: 간살도어 제품이 인기다. 간살이 만나는 부분에 손이 많이 간다. 고난도 기술이라기보다 섬세함이 필요하다. 국내에는 없고 이탈리아에 제품이 있다. 대형 면적의 넓은 창은 파노라마 라인의 WP146에 관심이 많다. 창틀의 두께는 48mm, 가운데 두께는 21mm다. 시공할 때 히든 타입이라 창틀이 보이지 않는다. 당연히 하부에는 우수관을 별도 설치해야 한다. 비가 많이 오는 지역은 배수설비를 둬야 한다.

감: 파노라마 제품의 경우 수입산과 비교해 어떤 장점이 있나? 고가라 아직 시장에서 수요가 크지 않아 보인다.

김: 크기 3,000×3,500mm에 무게만 400kg(최대 500kg 지지가능)이 넘는다. 이 제품은 창이 아니라 벽이 열리는 콘셉트로, 건축물의 설계 초기 단계부터 함께 계획되어야 한다. 당장은 수요가 없겠지만 제품의 장점을 살려서 시장을 넓혀야 한다. 중문 시장에서 우리가 시장을 선도했던 것과 같이, 하이엔드창호 시장을 개척해야 할 숙제가 있다.

언급한 대로 유럽산 파노라마 제품이 많지만, 가격이 비싸다. 국내에서 가장 비싼 제품에 비해서도 2.5배 이상이고, 관리비까지 합하면 3배다. 우리는 기존 제품보다 1.4~1.5배 정도다. 게다가 본사에서 직접 A/S하므로 장점도 많다. 10년 보증이고 설치 후 6개월 내에 점검도 한다.

무거운 파노라마시스템창틀에는 100mm 단위로 롤러를 촘촘히 설치하기 때문에 고하중을 견딜 수 있다. 창틀 하부엔 우수처리를 위한 우수관을 설치해야 한다.

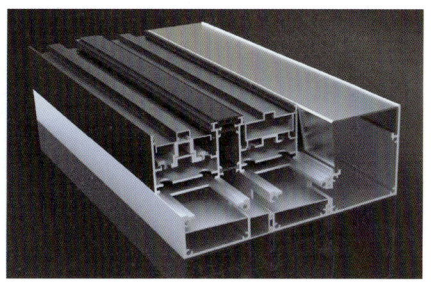

3

WORKS WITH WINDOW

3.1 Apply of Window
3.1.1 Interview 1
3.1.2 Interview 2

3.2 Construction of Window
3.2.1 Installation of Window
3.2.2 Tips for Window

3.3 Window Technology
3.3.1 Future of Window
3.3.2 Interview 1
3.3.3 Interview 2

3.1

Apply of Window

창호의 계획과 적용

공간은 개구부에 따라 분위기가 달라진다. 크기와 위치, 형태에 따라 내외부와의 관계가 달라지기 때문이다. 사무소효자동의 서승모 대표는 기성 창호 제품을 그대로 사용하지 않고 현장마다 다르게 적용한다. 바이아키 디자인스튜디오의 이병엽 대표는 양평에 있는 구름벽돌집에서 다양한 크기의 천창과 전면창을 통해 자연과 조우하는 방법을 실험한다.

글 편집팀

interview
1

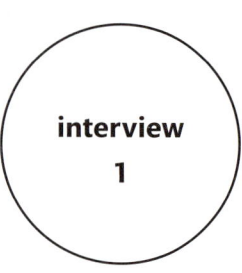

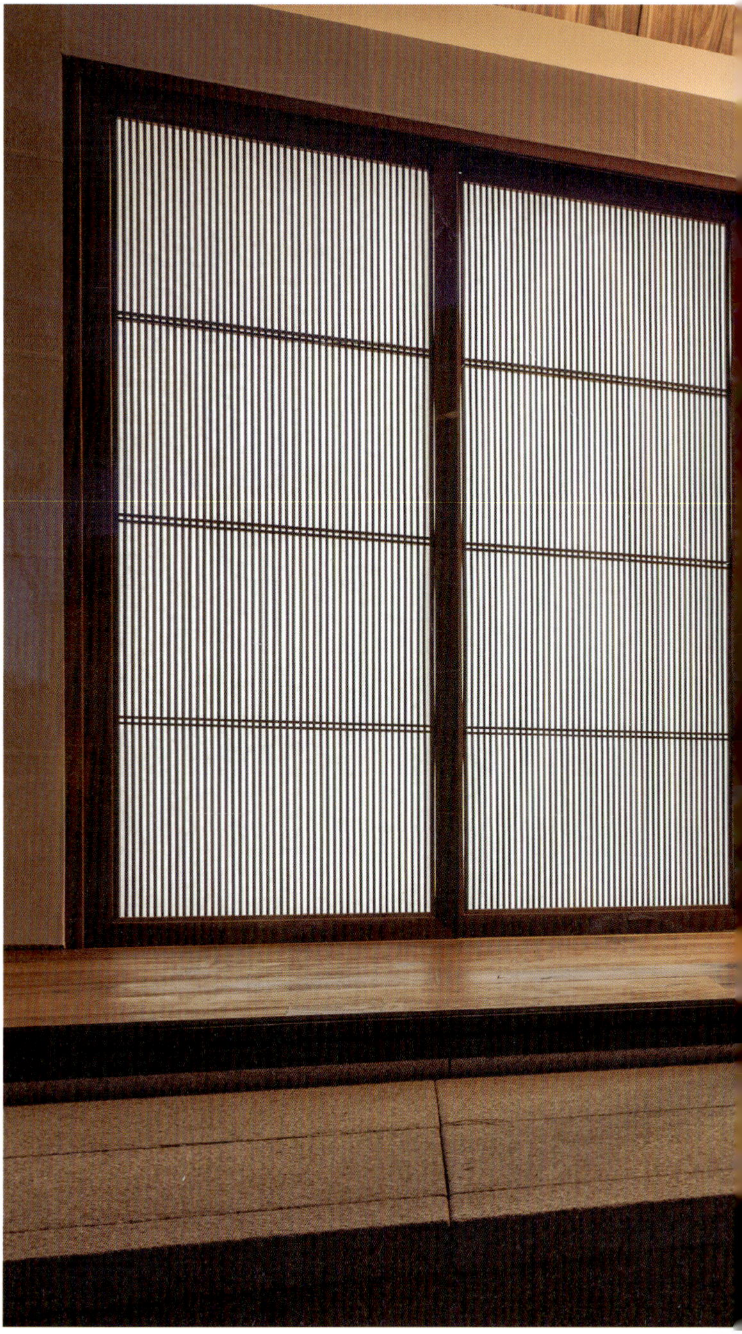

수공예적으로 창을 적용하다

–

사무소효자동
서승모 대표

–

사무소효자동은 주거뿐 아니라 상업 공간 등 다양한 용도의 공간을 설계하는데, 프로젝트마다 기성의 창호 제품을 그대로 사용하지 않고 일일이 직접 제작한다. 작은 창호의 디테일이 건물과 공간의 느낌을 좌우하기 때문이다. 창의 재료나 하드웨어도 직접 제작하고 사무소의 설계원칙에 따라 적용한다.

인터뷰 **심영규** 사진 **진효숙**

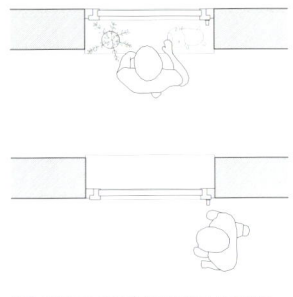

창호의 깊이로 내외부의 관계를 설정한다.

보안여관에서는 목재미세기창을 50mm 정도 돌출한 뒤 외벽에 창틀을 남겨둬서 디자인 요소로 사용했다.

감씨(감): 창호는 조망, 환기, 조명 등 다양한 기능을 담당하면서 건축의 외관을 결정한다. 창호의 디자인으로 한국적 공간이나 현대적 공간을 표현하는 노하우가 있나?

서승모(서): 기본적으로 바닥, 벽, 천장, 개구부, 구조 이렇게 다섯 가지를 설계의 기본 요소로 본다면, 창호는 개구부와 관련 있다. 개구부는 실내와 실외, 공간과 공간 사이의 관계를 설정하는 데 가장 중요한 요소다.

창호는 크게 네 가지 기준으로 설계한다. 먼저 창호의 깊이로 내부와 외부의 관계를 설정한다. 외벽을 기준으로 창호를 배치할 때와 내벽을 기준으로 배치할 때 외관의 형태와 느낌이 다르다. 외벽에 붙여도 창틀에 얇은 띠를 둘러 재료를 분리하는 것과 비슷한 색으로 제작해 프레임을 감추는 것은 다르다. 또 외벽에 맞춰 창호를 배치하면 실내에 창턱이 생기는데, 높이를 조절해 걸터앉거나 팔을 걸치게 할 수 있다. 실내 창도 재료나 색을 통일해 안정감을 주거나 변화를 줘 구별하는 방법이 있다.

감: 창호는 공장 생산품이라 새로운 디자인을 적용하기 쉽지 않다. 그러나 사무소효자동은 기성품을 그대로 쓰지 않고 독특한 방법으로 재해석해 공간에 맞게 사용한다.

서: 기존에 없던 것을 개발하기보다는 조합을 새롭게 한다. 앞선 기준이 깊이였다면 이번엔 행위에 관한 것이다. 하드웨어는 행위와 연결된다. 창호는 개폐 방식에 따라 공간에 개입되는 느낌이 다르다. 특히 현대적 디자인의 건축물에 한옥의 양개형 창을 사용하면 공간이 색다르게 느껴진다. 보안여관은 목재미세기 창을 50mm 정도 돌출한 뒤 외벽에 창틀을 남겨둬서 디자인 요소로 사용했다.

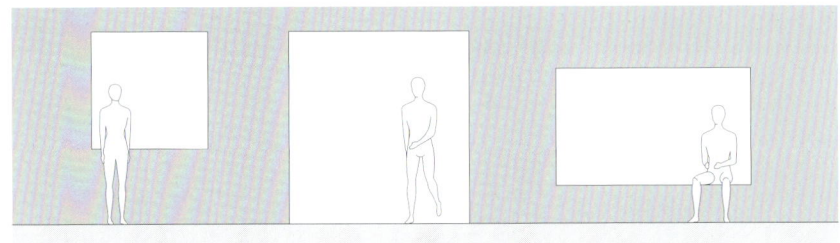

창호의 높이로 행위를 정한다.

Works with Window

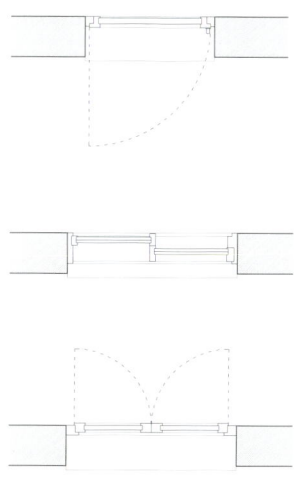

개폐 방식에 따른 공간의 변화.

N스튜디오는 아이보리색 창호로 제조사에서도 처음 사용한 색이다. 유리를 고정시키는 실리콘 색은 한정되어 있어 실리콘 위에 아이보리색으로 도장해 창틀과 색을 맞추었다.

옥인동 주택은 광명단칠로 마감해서 외벽 타일과 색을 통일했다.

감: 공간에 창호를 계획할 때는 무엇을 중점적으로 고려하나?

서: 우리 사무실은 건축적인 제스처가 크지 않다 보니 색이나 소재 등 단순한 것으로 디테일을 조정한다. 주택의 규모가 작다면 외부 벽선에 창호를 맞춘다. 실내에 300mm 정도 여유 공간이 생기기 때문이다. 일정 규모 이상이면 건물의 형태를 더 단순하게 설계하는데, 이때 작은 변화를 주기 위해 창호 돌출을 조정한다. 그리고 창틀은 건물 마감재와 같은 재료로 통일한다.

아티스트의 작업실인 N스튜디오는 아이보리색 창호로 제조사에서도 처음 사용한 색이다. 유리를 고정시키는 실리콘은 색이 한정적이기 때문에 표면을 아이보리색으로 도장해 창틀과 색을 맞추었다. 옥인동 주택은 외장재로 적갈색의 타일을 썼다. 보통 금속창을 쓰면 광명단이라는 붉은색 녹방지 칠을 하고 그 위에 색을 입힌다. 그러나 옥인동 주택은 별도의 도색 없이, 광명단 칠로 마감해서 외벽 타일과 색을 통일했다.

감: 상업 공간에서 창은 제품을 보여주는 기능이
중요하다. 한남동의 띠어리 플래그십스토어는
인도에서 봤을 때 한 발짝씩 들어가는 형태로 시선이
1층의 커다란 쇼윈도로 집중된다. 구체적인 디자인과
디테일, 시공에 관해 설명해 달라.

서: 창은 존재감을 지워 내외부를 연결하거나, 반대로
창틀을 강조해 집중도를 높이는 두 가지 방식으로
활용한다. 띠어리 플래그십스토어는 후자다. 창틀을
얇고 깊게 계획해 내부와 외부 사이에 한 개의 공간을
더 삽입한 것처럼 만들고 이중 창틀로 강조했다.
가로, 세로 5,050×2,020mm의 대형 쇼윈도에 깊이
400mm를 뒀다. 내부 하지는 각 파이프, 외부 고정은
스테인리스 스틸SUS을 사용했다.

P갤러리는 창틀이 얇은 실내 유리창을 뒀다.
폭 30mm, 깊이 90mm인데, 창 크기가 크고 무거워,
금속파이프로 보강하였다. 그리고 스테인리스 스틸로
한 번 더 마감해 유리와 창틀을 고정하는 실리콘을
감쳤다. 사진상으로는 드러나지 않지만, 하드웨어의
종류와 금속하지, 마감재, 그리고 실리콘이 드러나는
여부까지 고민하면서 창을 계획한다.

감: 실내창과 실외창은 기능이 다르다. 특히 주택에서
공간을 구별하는 것 외에 창의 기능에 대해 설명해 달라.

서: 실내창은 사람이 드나들기 때문에 창이라기보다
문에 가깝다. 실내창은 두 공간의 관계에 따라
설계한다. 크게 공간의 관계는 개별성을 강조할 때,
하나의 공간으로 동일성을 줄 때, 두 공간을 강하게
구분할 때로 나눌 수 있다. 공간의 엇갈린 정도에 따라
개구부와 개구부를 잡아주는 양이 다르다.

그다음 소재와 유리의 투명도로 공간의 관계를
조율한다. 목재창호를 쓰면 따뜻함이 들며 두 개의
공간으로 분리된다. 반대로 하나의 공간으로 보이기
위해서는 유리처럼 소재감이 없는 재료를 쓴다.
문틀도 실내 도장과 같은 색을 쓰거나 투명한 유리를
사용한다. 세 번째로 확연히 분리시킬 때는 문틀을
높이거나 이질감 있는 소재를 쓴다. 보통 270~300mm
정도로 한 단을 높이거나 450mm 정도로 의자 높이로
띄운다. 창턱을 아예 책상의 일부인 것처럼 사용하기도
한다. 하남 M하우스의 경우 이렇게 높이를 줘
대청마루처럼 사용했다(p.94 사진 참고).

띠어리 플래그십스토어는 창틀을 얇고 깊게 계획해 내부와 외부 사이에 한 개의 공간을 더 삽입한 것처럼 만들고 이중 창틀로 강조했다.

P갤러리에는 얇은 창틀의 실내 유리창을 뒀다. 폭 30mm , 깊이 90mm인데, 크기가 크고 무거워 하지는 금속파이프로 보강하였다.

감: 장지문을 많이 사용한다. 특별한 이유가 있나?

서: 장지문은 현대 건축에서 커튼의 역할과 비슷하다. 외부의 시야를 차단하고 채광을 걸러낸다. 겨울에는 공기층을 둬서 단열 기능도 한다. 장지문은 목재와 한지로 되어 있으니 커튼보다 한층 동양적인 분위기를 연출할 수 있다. 창을 한 번 열거나, 두 번 여는 행위에 따라 공간은 끊어질 수 있다. 일종의 공간의 켜를 더한 것이다.

장지문은 주출입문과 같이 실내외를 강하게 강조할 때 설치한다. 그러나 외부가 잘 보이고, 내부가 잘 안 보이는 경우에는 장지문을 두지 않는다. 창살은 넓게 쓰는 방식과 촘촘하게 쓰는 방식이 있는데 무엇을 적용하느냐에 따라 문의 존재감이 달라진다. 촘촘한 루버 타입은 존재감이 강하고 공간을 끊어낼 때 쓴다. 살이 적은 경우는 살짝 끊는다. 이를테면 내외부를 연결하는 현관은 확실한 단절이 필요해 살이 촘촘한 문을 쓴다. 이런 특징을 고려해 프로젝트마다 다른 크기와 간격으로 설계한다.

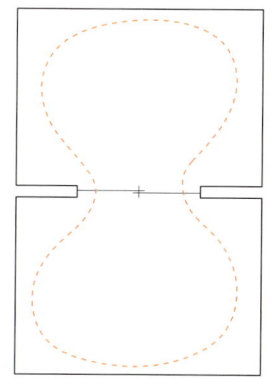 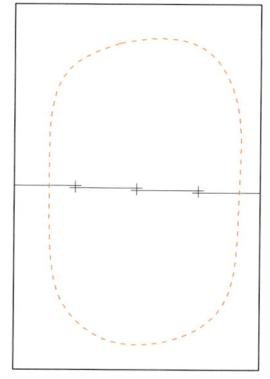 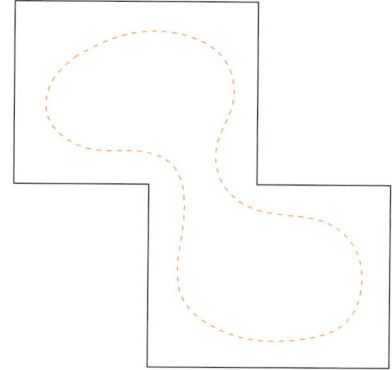

실내 창은 개별성을 강조할 때, 하나의 공간으로 동일성을 줄 때, 두 공간을 강하게 구분할 때로 쓰임이 나뉜다.

감: J 한옥 리모델링은 아예 한식 창호를 사용했다.

서: J 한옥은 처음으로 목재로만 되어 있는 한식 창호를 썼다. 리모델링 작업인데 기존의 목재 틀은 수평 수직이 맞지 않았다. 창호를 끼워 넣으려면 실리콘을 많이 사용해야 했기 때문에 30mm 몰딩을 넣었다. 방충망도 새로이 개발했다. 일반적으로 검은색 제품은 한옥 목재창에 어울리지 않아 아이보리색의 블라인드 천 소재를 목재 틀에 끼워서 만들었다. 열었을 때 방충망이 드러나는 미세기젖힘창에는 모두 자체 제작한 제품을 적용했다.

감: 창을 분절하는 폭에 대한 기준이 있나?

서: 휴먼스케일을 강조할 때는 촘촘하게, 도시와 건축스케일을 강조할 때는 크게 분절하여 내외부를 시원하게 연결한다. 촘촘할수록 폐쇄적이고 넓을수록 시원하게 내외부가 연결된다. 현대카드 바이닐 앤 플라스틱 파사드 리모델링의 멀리언을 내부에서 볼 때 가장 안정감 있는 크기인 900mm 간격으로 배치했다. 창과 창이 만나는 모서리 부분은 금속으로 디테일을 만들어 넣거나 따낸다. 청운동 C하우스도 창 사이에 평철로 의장요소를 넣고 더 분리되어 보이게 했다(p.96 사진 참조).

J 한옥 리모델링에 사용한 한식창과 장지문.

현대카드 바이닐 앤 플라스틱 파사드 리모델링의 멀리언을 내부에서 볼 때 가장 안정감 있는 크기인 900mm 간격으로 배치했다.

서승모(사무소효자동 대표)
1971년 일본 교토 출생으로, 경원대학교를 졸업하고 동경예술대학교 건축학과에서 미술학 석사를 취득했다. 그 후 2년간 동대학 비상근 강사였으며, 2004년 서울에서 독립했다. 2010년 사무소명을 사무소효자동으로 개칭하고 현재 주거, 상업, 업무 시설 등 다방면으로 설계 영역을 넓혀가고 있다.

interview
2

창과 빛으로
조각하다:
양평 구름벽돌집

바이아키 디자인스튜디오
이병엽 대표

-
경기도 양평군에서 차로 한 시간 가까이 들어가면 용천리 산자락에 구름벽돌집이 숨어 있다. 건물이 돌출되면서
대지 중심에 놓인 커다란 바위 위로 그늘을 만드는 이 붉은 벽돌집은 바이아키 디자인스튜디오와 오랜 기간
파트너로 지내온 시공사 대표의 집이다. 건축가 이병엽은 이 주택에 커다란 창과 천창을 곳곳에 두어 다양한
방식으로 실험했다. 오래된 고택에서 가져온 낡은 목재 고창이 있는 양재동 사무실에서 건축가를 만나 창에 대한
이야기를 들었다. 인터뷰 심영규

2층 거실의 창은 마루 높이와 거의 일치하고 40° 예각으로 만나는 부분에 창틀이 없는 삼중복층유리를 사용했다. 마치 하늘에 떠 있는 듯한 조망을 볼 수 있다. 사용제품은 이건창호 삼중유리 FWS 35 P/D 커튼월, AWS 70HI T/T.

감씨(감): 양평에 위치한 여느 전원주택과 달리 시공이 꼼꼼하다.

이병엽(이): 오랜 기간 파트너로 일한 시공사 대표의 주택이다. 이미 건축주에 대해 자세히 알고 있었기 때문에 그를 닮은 집을 설계했다. '겸손함'과 '과시'라는 모순된 요소로부터 설계를 시작했다. 대지 가운데 거대한 바위가 있는데, 주택이 바위에 순응하는 동시에 거대한 규모로 위협한다. 기존 바위 위에 더 큰 '벽돌 바위'를 띄운 것이다. 이 무거워 보이는 벽돌 덩어리는 산 중턱에 걸린 구름 같다. 이 '구름벽돌' 부분은 거실인데, 캔틸레버 끝부분에 위치한 대청마루에서는 마치 구름 위에 앉아 세상을 내려다보는 것만 같다.

감: 이 주택에서 창을 특별하게 사용한 이유는?

이: 건축가는 공간에 빛을 담는 사람이다. 창의 크기와 비례, 깊이와 위치에 따라 빛이 달라지며 그로 인해 공간도 달라진다. 즉 창이 건축의 전부라고 해도 과언이 아니다. 개인적으로 설치미술가 제임스 터렐James Turrell을 좋아한다. 자연광이나 인공의 빛을 숭고하게 조각하는 사람이다. 건축도 마찬가지다. 창이라는 건축적 장치로 빛을 조각해 공간을 충분히 특별하게 만들 수 있다고 생각한다.

창을 계획할 때 첫 번째로 고려한 것은 창을 통한 공간감 연출이다. 1층 주방은 좁고 깊은 천창과 조명으로 특별한 공간감을 불어넣었다. 거실은 기다란 천창으로 빛이 떨어지면서 철판, 회벽 도장, 거친 돌을 만나 각기 다른 질감이 드러나도록 의도했다. 또 침실은 지붕과 벽체가 만나는 부분에 가로로 긴 띠창을 두어 공간감을 실험했다.

두 번째는 조망이다. 특히 2층은 거실의 대청마루에 신경 썼다. 창 높이가 마루 높이와 거의 일치하고, 40° 예각으로 만나는 부분에 창틀 없이 삼중복층유리를 사용했다. 마치 하늘에 떠 있는 듯한 조망이다.

끝으로 기능이다. 창은 단순히 환기뿐 아니라 사용성도 중요하다. 용도에 따라 적절한 크기와 개폐 방식이 다르다. 후정과 주방을 연결하는 창호는 2,500×6,000mm를 세 짝으로 나눠서 설치했다. 세 짝이 겹쳐서 열리는 창으로, 세 짝의 문을 겹치면 폭이 4m 열리게 되어, 후정과 주방이 하나의 공간처럼 연결된다. 여기에 가로형 롤방충망을 사용해 편의성을 더했다. 최근 극심한 기온차와 미세먼지가 실내에 영향을 미치지 않도록 하기 위해 창틈 사이에 종이를 넣으면 찢어질 정도로 기밀하게 평행미세기창을 설치했다.

침실은 지붕과 벽체 만나는 부분에 가로로 긴 띠창과 정사각형의 천창을 두어 공간감을 실험했다.
사용제품은 이건창호 삼중복층유리 FWS 35 P/D 커튼월.

갑: 각 부분에 사용한 제품에 대해 상세히 소개해 달라.

이: 거실창은 이건창호와 슈코가 협업해 론칭한 프레임리스 제품으로, 창틀이 70mm로 아주 얇다. 천창은 보통 골조 위에 올려 시공하는 게 일반적이다. 그리고 유리의 적절한 구배를 통해 우수와 유지관리에 신경 썼다. 주방의 천창은 700×3,000mm에 깊이가 1,500mm다. 폭을 더 좁게 계획했고, 2층 거실의 천창은 빛을 날카롭게 들이기 위해 창틀을 따라 삼각형 형태의 철판을 접어 설치하였다. 침실에는 사각형의 천창을 두었다. 깊이를 900mm 정도로 두고 창틀을 감춰서 유리만 보이게 했다.

갑: 이렇게 다양한 창이 공간 분위기에 어떻게 영향을 미치나?

이: 거실은 천장고가 6m이고 면적도 60m²로 넓은 반면 창은 작다. 단순히 창만 크게 내서 공간을 넓어 보이게 하지 않았다. 그보다 얇고 깊이감 있는 천창을 입체적으로 배치해 간접적인 빛으로 공간이 가득 차도록 했다. 보통 성당 건축에서 주로 활용하는 방식이다. 빛과 벽의 거친 질감이 만나는 조합도 성당에서 모티브를 얻었다. 안방은 침실이다 보니 사생활 보호가 중요하다. 이를 존중하면서 공간 자체가 부유하는 듯한 느낌을 주고 싶어 3면에 띠창을 두었다. 모서리엔 200×200mm 구조 기둥을 숨겼다. 평면이 정사각형이라 천장도 정사각형으로 두어 시간에 따라 빛의 궤적이 실내에 유입되도록 했다. 밤에는 달빛으로 공간을 채울 수 있도록 조명을 거의 달지 않았다. 이 집은 일반적인 전원주택과 달리 넓은 공간이 여러 실로 분절되어 있다. 그렇기 때문에 다른 공간으로 넘어가는 전이 공간이 중요한 요소라고 생각했다. 전이 공간 중 일부는 한 면을 통창으로 두어 마치 외부 공간을 통해 다른 공간으로 이동하는 듯한 느낌을 냈다.

1층의 부엌에 좁고 길며 깊이 있는 천창과 조명을 계획해 특별한 공간감을 불어 넣었다. 사용제품은 이건창호 삼중복층유리 ESS 240 P/S.

게스트룸의 창은 조망에 신경 썼다. 꺾인 부분을 포함해 4,600×2,200mm 정도의 크기에 창틀은 최소화했다. 외부로 나가면 바로 옆에 수영장이 있는데, 창 높이를 적절히 맞춰 시각적 만족감을 높이고 공간적으로 자연스럽게 연결했다.

감: 창호를 시공한 디테일이 특이하다. 시공상 어려웠던 점은?
이: 기획단계부터 시공사와 창호업체가 함께 디자인을 논의하며 다양한 실험을 했다. 현장에서도 끊임없이 논의가 이뤄져 체력적으로 힘들었지만 큰 어려움은 없었다.

일반적으로 창은 골조로부터 일정 간격 띄워 시공한 뒤 창틀과 골조 사이에 단열폼을 채우고, 외부에는 철판을 접어 창대를 설치한다. 좀 더 긴밀하게 시공하고 싶어 애초에 철판으로 정밀한 크기의 틀을 만들어 골조와 연결했다. 창은 철판으로 된 창틀에 긴밀하게 끼워 넣었다. 외부는 철판 주변으로 날개를 만들어 접어 둔 다음, 이지씰이라는 기밀 테이프로 시공했다. 이 철판 자체가 외벽의 벽돌을 지지한다. 특히 2층 거실의 메인 창은 철판이 700mm까지 확장되어 처마의 기능까지 갖췄다. 일반적으로 골조는 불균일하고 수직과 수평이 맞지 않는데, 철판은 일정하기 때문에 기밀성이 높다. 그러나 하지 작업이 별도 진행되므로 시간과 비용이 좀 더 든다.

게스트룸의 창은 꺾인 부분을 포함해 4,600×2,200mm 정도의 크기다. 외부에 수영장이 바로 있는데 창 높이를 맞춰 시각적으로 공간적으로 연결했다. 사용제품은 이건창호 삼중복층유리 FWS 35 P/D 커튼월, AWS 70HI T/T.

양평 구름벽돌집

설계 바이아키 디자인스튜디오
위치 경기도 양평군 옥천면 용천리
용도 단독주택
대지면적 1,255m²
건축면적 218.43m²
연면적 316.82m²
규모 지상 2층
구조 철근콘크리트조
시공 하우스팩토리
완공 2018년 3월
마감 듀라스택 벽돌, 적삼목 무절
사진 송유섭

사용한 창호
이건창호 시스템 알루미늄
AWS 70HI T/T
FWS 35 P/D SI(커튼월)
ESS 240 P/S
ADS 70HI O/W 도어
SG VENT
ESS 280 HI L/S

사용한 유리
43T 삼중복층유리

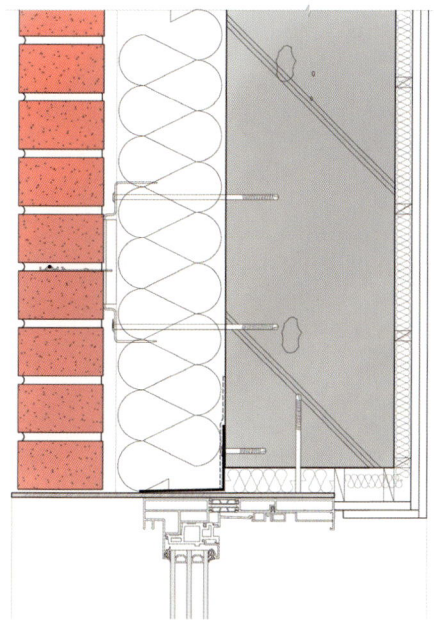

철판틀을 골조와 연결한 상세마감.

감: 건축가나 건축주가 창호 사용에 관해 반드시 알아야 할 점은?

이: 대부분의 건축주는 창의 성능이 좋으면 단열이 해결된다고 생각한다. 하지만 주변부와 시공 방법에 따라 단열효과가 크게 달라진다. 콘크리트는 그 물성의 특징상 어느 정도 결로 현상이 생길 수밖에 없다. 그렇기 때문에 이를 최소화하기 위한 주변부 시공에 노력을 기울여야 한다. 또한 나를 비롯한 대부분의 사람들이 얇은 창틀을 선호한다. 하지만 아직 비용면에서 일반 건축주가 접하기 어려워 아쉬움이 크다. 해외 제품의 경우 성능이 좀 더 우수할 수 있지만, 기성 제품은 설계의 자율성을 보장할 수 없고 해외에서 주문제작하면 유지보수 측면에서 불편함을 감수해야 한다.

감: 주택, 특히 전원주택에서 창호를 디자인할 때 주의해야 할 부분은?

이: 목조주택과 콘크리트 주택의 차이가 크다. 콘크리트는 벽체의 폭이 창 두께보다 크지만, 목조주택은 중단열이라 오히려 창호가 더 두꺼울 수 있다. 그렇기 때문에 깊이감 있는 창을 만드는 데 한계가 있어 마감에 신경 써야 한다. 더불어 삼중복층유리는 무겁기 때문에 구조 계산까지 신경 써야 한다. 최근 삼중복층유리가 나오면서 창 자체의 단열 효율은 벽체에 가까운 수준으로 올라가고 있다. 단열 측면에서는 창도 중요하지만 창 주변을 긴밀하게 둘러싸는 시공이 더 중요하다. 또 주거의 열효율 면에서 공간을 적절히 나누고 연결해 자연스러운 바람 길을 계획하는 것도 중요하다.

2층 거실의 메인 창은 철판이 700mm까지 확장되어 처마의 기능까지 한다.

후정과 주방을 연결하는 창은 2,500×6,000mm를 세 짝으로 나눠서 설치했는데, 세짝의 문을 겹치면 4m 폭이 열리게 되어, 하나의 공간처럼 연결된다. 사용제품은 이건창호 삼중복층유리 ESS 280HI L/S.

이병엽 (바이아키 디자인스튜디오 대표)
문훈발전소에서 실무를 쌓은 뒤, 비유에스아키텍처(B.U.S Architecture)를 설립해 공동 대표로 활동했다. 이후 2016년 바이아키 디자인스튜디오를 설립해 설계부터 시공, 토목, 조경까지 총괄하는 파트너 시스템을 갖췄다. 주택을 짓는데 발생하는 과도한 절차와 마찰을 최소화하여, 현재 '건축가', '집 장사의 집'으로 양극화된 주택 시장에 합리적인 비용으로 완성도 높은 창의적인 프로젝트가 가능함을 증명하고 있다. 최근에는 취향관, 서울방학, 애프터하우스 등 콘텐츠와 공간이 특별하게 결합하여 시너지를 내는 프로젝트들의 기획, 실행, 운영에 다양한 형태로 참여하고 있다.

3.2

Construction of Window

창호의 시공

창은 일반적으로 기성 제품이고 대리점이나 전문가가 시공하기 때문에 현장에서 시공과 관련된 이슈가 많지 않다. 그러나 전체 시방과 올바른 시공에 대해 이해하면 향후 A/S 문제나 하자를 줄일 수 있다.

글 편집팀

Installation of Window
창호의 설치

창호는 다른 건축 공사에 비해 시공이 수월하다. 대리점이나 전문 업체에서 설치하기 때문이다. 그러나 창호 공사는 방수, 결로, 단열과 관련이 깊다. 전체 과정을 이해하고 설치시 유의점을 알아야 향후 누수나 하자에 대처할 수 있다. 글 편집팀 사진 제공 제이아키브

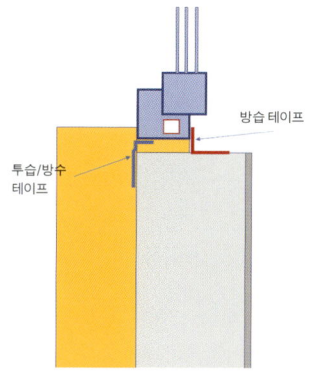

창틀과 구조체의 외부측은 방수 테이프로 시공해야 누수를 방지할 수 있다.

창호 시공의 중요성

창호는 한번 설치하면 쉽게 바꿀 수 없기 때문에 건축물과 비슷한 내구연한이 요구된다. 내구성을 높이고 열 손실, 결로, 누수 등을 방지하기 위해 창틀은 철근으로 보강하고 균형을 맞춰야 한다. 또한 정밀한 고정 작업과 빈틈 보강까지 꼼꼼한 시공이 필요하다.

창호는 아무리 단열 성능이 뛰어난 제품을 사용하더라도 외벽보다 열 손실이 크다. 그렇기 때문에 조망과 채광, 환기 등 창호의 기본 기능을 충실히 발휘하기 위해서는 적재적소에 적합한 방식으로 잘 배치하는 것이 중요하다. 창의 성능은 창틀과 유리뿐 아니라 창틀과 구조체 사이가 큰 영향을 미친다. 그러므로 열관류율, 기밀 성능이 좋은 창을 선택했다고 해도 창틀과 구조체 사이가 허술하면 무용해질 수 있다. 특히 소규모 건축현장에서는 벽돌이나 석재로 외장재 마감을 한 다음에 창문을 설치하는데 이 경우 열교 현상을 막을 수 있는 방법이 거의 없다. 창틀과 구조체의 외부측은 방수 테이프로 시공해야 누수를 방지할 수 있는데, 마감을 먼저 하면 이 시공이 불가능하다.

이렇게 창호 시공을 잘못하면 하자가 자주 발생하는 등 건물 관리에 큰 영향을 준다. 때문에 창틀과 문틀의 균형을 잡고 튼튼하게 고정하면서 외부 공기의 유입을 차단하는 것이 중요하다. 또 골조 공사에서 철근을 배근할 때 창틀과 문틀에 보조 철근과 보강 작업을 하는 것이 좋다. 대부분 현장에서 보강 작업을 소홀히 하는 경우가 많은데 보조철근과 보강 작업을 하면 창틀이 하중을 받지 않고 균열crack이 생기지 않는다. 일견 사소해 보이는 이러한 작업이 건물의 수명을 늘리고 하자를 줄이는 노하우다.

창호 시공 순서

설치계약 → 현장 실측 → 공정계획 및 제품 반입조건 확인 →
제품출하 및 적재 → 품질점검 및 현장배치 → 개구부 재확인 및 조정 →
❶ 창틀 임시 고정 → 창틀 수직·수평 확보 → ❷ 창틀 고정 → ❸ 틈 메우기 → ❹ 내·외부 실란트 작업 →
❺ 하지과정과 벽면 마감 → 창짝 시공 → 방충망 설치 → ❻ 보양 → 기능점검 → ❼ 마무리 공사

❶ 창틀 임시 고정과 수직·수평확보

창을 설치하기 위해 뚫어놓은 개구부의 상하좌우에 여유 공간을 두고 창문틀을 실측한 후 공장에서 제작한다. 이후 현장에 운반하여 설치하는데, 창틀 설치 전 창문을 쉽게 여닫을 수 있도록 수평을 잡는다. 개구부의 경우 설계상 치수와 골조 작업 후 치수가 변하고 바닥 면 자체가 고르지 못하기 때문에 창틀과 문틀의 수직, 수평을 정확하게 맞춰야 한다. 이때 쐐기목이라고 하는 목재를 이용해 임시로 고정한다.

> **+TIP 창틀 하부 고정시 주의사항**
> 창틀 하부 고정을 위해 앵커를 시공하는데 이는 가급적 피하는 것이 좋다. 앵커의 틈새로 물이 새어 들어갈 수 있기 때문이다. 만약 이미 작업을 했다면 실리콘으로 하부와 앵커 자리까지 꼼꼼히 마무리해야 한다. 창틀에서 외부방향으로 물빠짐 구멍이 잘 뚫려 있는지 확인해 창틀에 고인 물이 물빠짐 구멍으로 자연스럽게 배수되도록 한다. 그래야 비오는 날 창틀에 물이 넘치지 않는다.

❷ 창틀 고정

앵커, 피스와 같은 철물로 창틀을 고정하고 쐐기목을 해체한다. 현장에서 쐐기목을 빼지 않는 경우도 많지만 상황에 따라 제거하고 나머지는 철물로 단단히 고정한다. 틀 고정시 창문과 문의 하중을 잘 견딜 수 있도록 벽돌 등의 자재로 튼튼하게 고정한다. 창틀과 문틀이 잘 고정되면 장기간 문을 열고 닫는 충격에 잘 견디고 내구성도 좋아진다.

❸ 틈 메우기(사춤)

보통 창호는 가벼우면 40~50kg, 무거우면 300~500kg까지 나간다. 창호의 무게로 처짐이 생길 수 있는데, 수직과 수평을 유지하기 위해 개구부와 제품사이 공간을 모르타르나 폼으로 메우는 것을 **사춤**[1]이라고 한다. 특히 창틀은 외기에 직접 노출되기 때문에 외부 공기가 유입되어 열 손실이 발생하지 않도록 빈틈을 메운다. 창호 공사 시 시공사와 잘 협의해 현장에 직접 가서 꼼꼼하게 확인하자.

> **+TIP 우레탄폼과 모르타르**
> 모르타르는 습식이 견고하다. 배합 비율은 시멘트, 모래 1대 2다. 우레탄 사춤은 개구부와 제품의 틈새에 우레탄폼을 채우고, 외부는 실리콘 코킹으로 완전히 밀폐한다. 우레탄폼은 제품마다 권장하는 경화시간이 지난 후에 마감처리를 해야 한다.

❹ 내·외부 실란트 작업

실란트는 건축물의 각종 부재 사이의 접합부나 이음매를 메우는 액상고무와 같은 재료로 코킹 작업에서 주로 사용한다. 창호의 기본적인 성능을 유지하는데 중요한 작업으로 외부 작업 시 작업자의 주의가 필요하다. 실란트를 작업하기 전에는 먼지나 이물질 같은 누수 원인을 깨끗하게 제거해야 한다. 먼저 창틀 설치 전 콘크리트와 결합력을 높이기 위해 실란트를 도포한 부분에 건축용 수성 페인트나 견출을 그라인더로 제거한다. 이후 실란트의 접착력을 높이기 위해 프라이머를 바른다. 하절기는 20~30분, 동절기는 30~60분 정도 경화 시킨다. 프라이머는 반드시 실리콘 실란트 전용 제품을 사용한다.

❺ 하지과정과 벽면 마감

사춤이 완료되면 창틀 두께와 벽체의 마감 두께 차이로 생기는 벽면에 시멘트 미장에 타일을 붙이거나 **소할재**(한치각, 다루끼)²⁾를 설치하고 합판 또는 석고보드로 마감한다. 소할재를 설치하는 작업을 하지과정이라고 하며, 벽체에 균열이 생기거나 실리콘이 손상되면 하지 작업한 공간으로 물이 떨어져 실내로 유입될 수 있으므로 주의한다. 외부에는 석고보드를 두 장 붙이거나 합판을 붙여 튼튼하게 한다.

❻ 창틀 보양

마감 공사 전 창틀을 설치하면 손잡이나 유리가 쉽게 깨지거나 스크래치가 날 수 있어 보양에 신경 쓴다. 단, 보양재가 다른 공정의 마감선을 침범해 공사에 지장을 주지 않도록 해야 한다. 다른 공정에 지장이 없는 한 보양재를 최대한 늦게 회수하고 보호테이프는 현장에 협조를 구해 공사가 끝날 때까지 가능한 떼지 않는 것이 좋다.

❼ 바닥 공사와 마무리 공사

벽면 마감 작업 후 바닥공사로 마루와 타일을 시공한다. 바닥 마감 공정을 먼저 진행하면 스크래치나 파손의 우려가 있으므로 통상적으로 벽체 마감까지 끝난 후 가장 마지막에 진행한다.

용어정리
1) 사춤: 벌어지거나 갈라진 틈을 말하며 이 틈을 모르타르 등으로 메우는 일을 '사춤 치다'라고 한다.
2) 소할재: 두꺼운 제재목을 두께 방향으로 분할하여 만든 마감재용 목재다. 소할재는 크게 3가지인데, 소송, 미송, 스프러스로 대부분의 현장에서는 소송을 많이 사용한다.

Tips for Window

건축주가 알아두면 좋은 창호 시공 팁

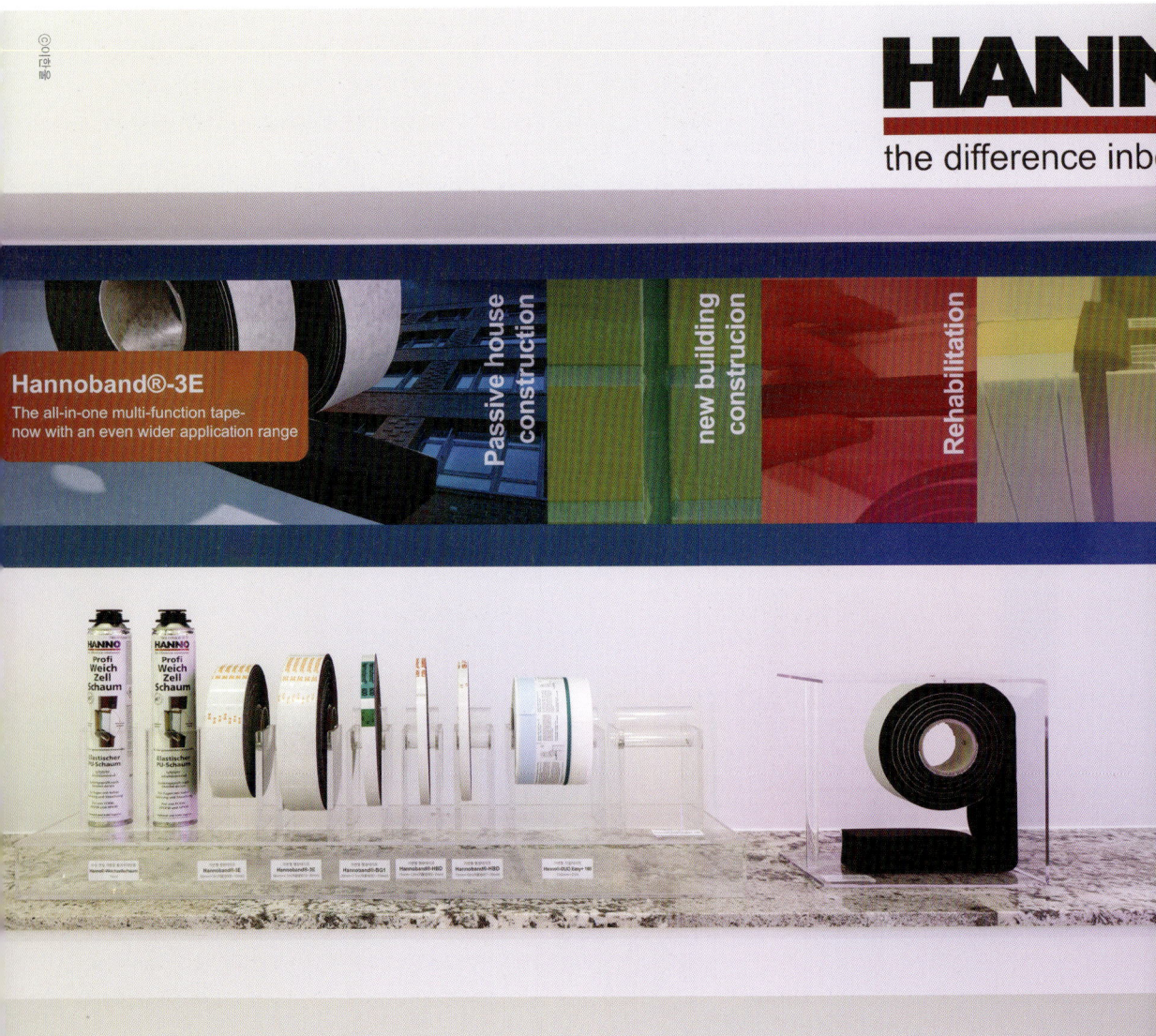

일반적으로 건축주는 창호의 소재와 기능에 대한 정보가 부족하므로, 창호 전문 업체에 선택을 맡기는 경우가 많다. 앞서 설명한 창호의 소재, 디자인, 기능을 최대한 살리기 위해 직영 공사는 될 수 있는 대로 지양하고, 작업을 의뢰했다면 건축가나 시공사와 충분히 상의하자. 글 편집팀 취재협조 ㈜제이아키브 김양길 대표

창호 공사는 건물의 외부와 내부를 연결하는 중요한 공정이며, 결로와 누수의 1차 원인을 제공한다. 그러나 제품의 특성상 어느 정도 하자는 발생한다. 그러므로 A/S를 요청할 수 있는 제조사를 선정하고, 전문 업체에 맡기는 공사라 할지라도 시공에 대한 기본적인 이해가 필요하다.

창호를 설치해야 이후 공정을 진행할 수 있다. 창호가 본격적인 내·외부 공사의 기준선인 셈이다. 신축인 경우 골조 공사를 마치고 마감 공사 전에 창호를 설치하는 게 좋지만, 리모델링의 경우 기존 창호를 먼저 철거해야 한다. 철거도 대리점이나 전문 창호 업체에 맡긴다.

외장 마감재의 공사 계획이 마무리되면 현장에서 정확한 치수를 재고 제품을 주문한다. 공장에서 치수에 맞는 창호를 가공하고, 창틀을 현장에 설치한 후 유리를 끼운다. 주문 후 2~3주 가량 제작 기간이 소요되므로 창틀은 미리 주문해야 다음 공정에 지장이 없다.

디자인을 위한 팁

일반적으로 창틀이 얇은 제품을 선호한다. 그러나 창틀이 지나치게 얇으면 설치 시 각 부자재의 연결이 어려워질 수 있다. 이때 골조 공사 단계에서 미리 창틀을 숨길 수 있는 턱 작업을 실시한다면 어느 정도 외부에서 창틀이 가려져 효과적이다 (p.116 ❸ 참고). 창호 테두리에 철판과 같은 금속을 덧대면 건물의 인상을 바꿀 수 있고, 더불어 차양과 같은 역할도 한다 ❶.

실리콘 역시 다양한 제품이 있지만, 때에 따라 조색도 가능해 창호나 내외장재 색과 맞춰 눈에 잘 띄지 않게 마감할 수 있다. 작은 팁이지만, 창호 설치 전에 보안 센서를 숨길 틈을 만들어 놓으면 시공 후 지저분하게 드러나지 않아 깔끔하다 ❷.

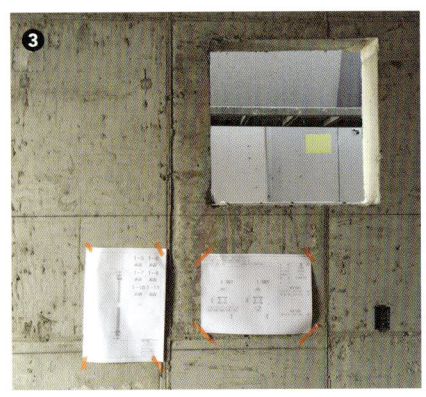

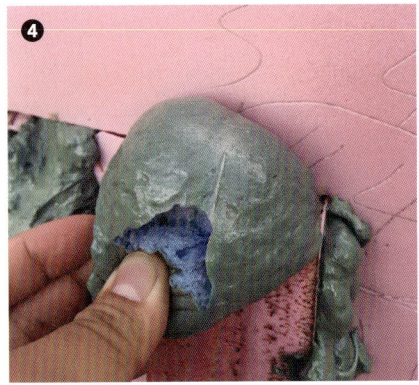

사전에 창호의 개폐 방식을 건축가나 시공사와 충분히 논의했더라도 빛의 방향이나 위치 등이 예상과 다르게 느껴지는 경우가 있으므로, 창호 옆에 도면을 부착해 위치와 크기, 개폐 방식 등이 실제 현장에 적합한지 확인하면 잘못된 설치를 막을 수 있다❸.

단열을 위한 팁

창호 시공에서 가장 중요한 원칙은 제품과 건축 벽체의 단열선이 끊어지지 않는 것이다. 최근 주택에 사용하는 시스템창호는 제품과 구조체의 기초에 용접해서 연결하는데, 창틀이 얇거나 구조적으로 약한 PVC창호는 구조체와의 연결 부분을 더 많이 두어 강하게 결합한다.

창틀과 구조체 벽 사이가 떨어져 있기 때문에 사춤 작업으로 틈을 메운다. 일반적으로 우레탄폼을 사용하며 제품 종류는 다양하다. 성질로 구분하면 수성과 유성이 있고, 경질과 연질이 있다❹. 각각의 장단점이 있는데, 경질폼은 창호와 연계된 각 건축 자재의 수축팽창에 의해 틈이 벌어질 수 있다. 부풀어 오르는 정도가 다르고 단열 성능 또한 제품마다 고유의 특성이 있다. 그러므로 어떤 게 좋다기보다 설치 방법을 잘 지켜 촘촘히 사춤하는 것이 중요하다. 실란트 작업 후에는 방수 테이프를 붙이고 내부를 석고나 합판으로 마감한다. 이때 마감면에 구멍을 뚫어 내부에 사춤을 한 번 더 하면 창틀 주변에 생기기 쉬운 결로를 예방하는 효과가 있다❺.

기본적으로 유리에서 결로가 생기는 경우가 많으므로 사후 공사로 예방한다. 창대 틀에 방수 소재인 인조대리석이나 코팅한 합판을 두어 결로수가 생기더라도 썩지 않게 하며❻, 천창의 경우 결로수를 자연증발시키기 위해 결로수를 담는 거터를 두어 손상을 막는다❼. 최근에는 공기질 향상을 위해 전열교환기(폐열회수장치) 등을 사용하는 편이다. 원활한 공기 순환이 이뤄지므로 결로 방지에도 도움이 된다.

방수를 위한 팁

창호는 구조체와 마찬가지로 건물과 수명을 같이하므로 골조 공사가 끝난 직후 마감재 크기를 고려하여 창호를 설치하고 먼저 테두리에 방수 작업을 해야 한다. 이때 방수 재료는 시트 또는 탄성 방수제를 사용해야 수축팽창계수가 다른 재료의 변화를 견딜 수 있다. 구조체가 콘크리트인 경우 창호와 잘 접착될 수 있도록 하지 작업하는 것이 중요하다. 시기적으로 가능하다면 우천을 경험하고 마감하는 편이 좋으나, 여의치 않을 경우 물을 뿌려 누수를 확인하자❻.

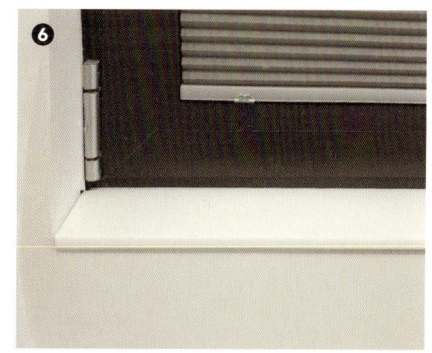

내단열·외단열에 따른 팁

단열공사의 기본은 '빠지는 곳 없이 끊어지지 않고 시공하는 것'이다. 그러나 개인의 요구가 반영된 소규모 건축은 디자인이 다양해지면서 단열재를 완벽히 연결해 시공하기가 어려운 편이라 내외단열을 동시에 시공하는 것이 좋다.

외단열의 경우 창틀이 구조체에서 이탈하지 않도록 시방에 맞는 접착제와 패스너로 고정해야 하며, 각 부재의 틈에는 우레탄폼을 채워 메운다. 각재틀 안에 시공되는 내단열의 경우 틈이 벌어지지 않도록 밀실하게 사춤하는 것이 좋다. 최근 많이 사용되는 폴리에스터 계열의 단열재는 방음과 흡음의 역할을 동시에 하고 있어 추천한다. 단열재의 종류와 시공방법은 다양하지만 무엇을 사용하는지보다 치밀한 계획을 세우고 현장 상황에 맞게 시공하는 게 더 중요하다.

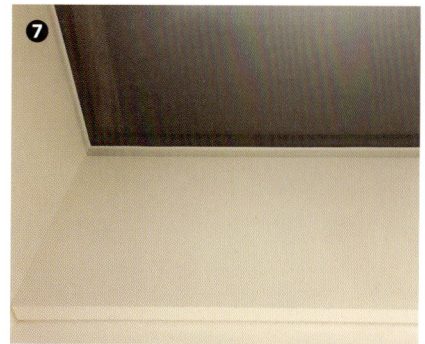

김양길(㈜제이아키브 대표)
다년 간의 인테리어 설계 및 시공 경력을 바탕으로 국내외 다양한 프로젝트를 수행하였으며, 2011년 종합건설회사 ㈜제이아키브를 설립하여 건축으로 그 영역을 확장하였다. 건축재료와 디테일에 대한 고민을 실제 현장에 반영하여, 건축가들과의 긴밀한 소통을 통해 의미 있고 완성도 높은 건축 작품들을 만들고 있다. 협업의 결과물 다수가 서울시건축상과 경기도건축문화상을 수상하였다.

3.3

Window Technology

미래 창호의 개발과 기술

전세계적으로 열성능을 기본으로 갖추면서 면적은 넓고 창틀은 얇은 창을 찾는 추세다. 이에 따라 많은 창호 제조사가 창틀이 얇은 '프레임리스' 제품을 개발하고 있다. 국내 1위 창호 업체인 LG하우시스와 시스템창호 시장을 선도하는 이건창호의 담당자를 만나 각 업체별 미래 창호의 개발과 기술에 관해 들었다.

글 편집팀

Future of Window

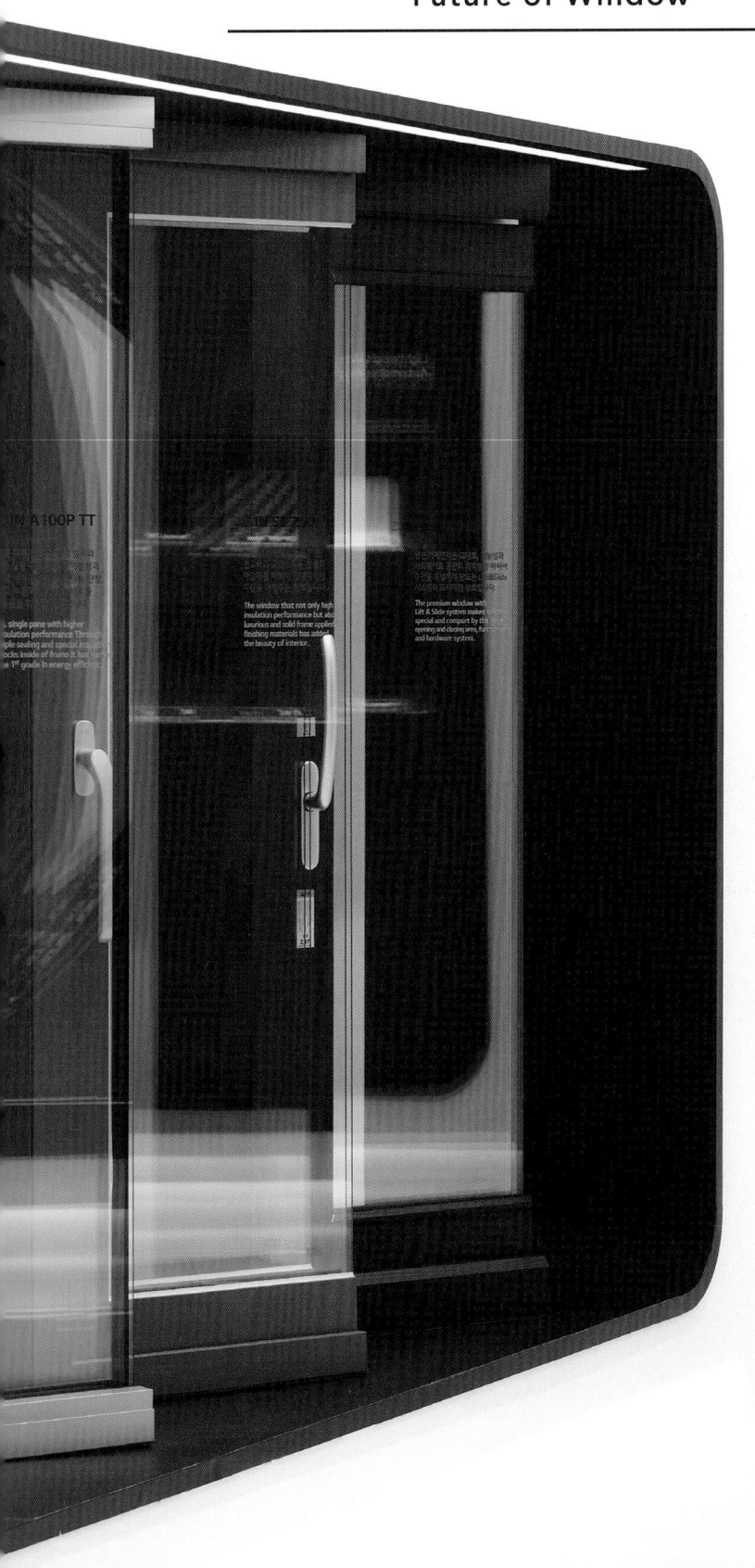

국내 창호시장의 변화와 미래를 예측하다

창호 산업계 입장에서 제도 강화와 이의 의무적인 시행은 여러모로 불편하다. 산업력이 뒷받침되지 않는 제도 강화는 혼선과 혼란을 가중한다. 하지만 순기능도 있다. 특히, 산업 전반의 기술력 향상은 가속화되는 건축자재의 세계화 속에서 필연적인 생존 도구다.

글 **강재식**(한국건설기술연구원 선임연구위원)

정책과 제도의 진화

선진국의 창 산업은 획일적인 정부 주도보다 민간 자율시장의 선택을 바탕으로 진화한다. 가격대가 다양하고 기술 정보도 풍요롭게 공유된다. 당연히 소비자 선택의 폭도 넓다. 반면, 아직 우리나라는 정부 중심의 규제가 창 산업과 시장을 주도한다. 일례로 창호등급제 이후에 소비자는 1등급 제품만을 지향하고, 2등급 이하의 창은 시장에서 설 자리를 잃어간다. 국가에너지 관점에서 관 주도의 초기 시장 확대가 필요하다는 논리엔 이견이 없지만, 합리성과 효율성, 그리고 다양성이 미래 건축자재 시장의 원천적인 성장 동력이라는

창은 건물의 용도와 종류, 그리고 지역 기후특성에 따라 성능지표가 달라야 한다.

관점에서, 민간 자율시장으로의 전환이 필수적이고 그 변화는 이미 시작되었다.

모든 정책과 제도는 진화해야 한다. 그 방향은 합리화를 기반으로 한 고도화와 세분화다. 고도화는 창의 성능을 어떻게 신뢰할 것이냐다. 현재 창 시험기준은 유리와 창틀이 일체화된 상태에서의 물리적 시험을 기반으로 한다. 제품의 통합 성능은 중요한 지표이지만, 한편으론 창을 구성하는 유리와 창틀의 성능을 최적화하는데 한계가 있다. 예를 들면 단열 성능이 높은 유리를 끼워 시험성적을 받는 경우 창틀의 단점이 묻힌다. 따라서 실험실에서의 성능평가 외에 다양한 해석 프로그램과 시뮬레이션을 적용해 주요 자재에 대한 열물성을 합리적으로 개발하는 것이 바람직하다. 미국, 유럽 등 주요 선진국에서 이러한 고도화 방식을 통해 산업력을 향상하는 이유다.

세분화는 현행 제도의 평가기준인 열관류율과 기밀 성능 외에 냉방부하에 대한 지표인 일사에너지투과율, 삶의 질을 결정하는 가시광선투과율 등 새로운 평가기준의 도입을 포함해야 한다. 여름철 일사차단의 성능에 대한 지표도입은 냉방에너지 문제가 가시화 되는 비주거용 건물에서 시급하다. 여기에 창의 본래 목적인 조망권과 자연채광도 세분화된 성능 지표가 필요하다. 결국 건물의 용도와 종류, 그리고 지역 기후특성에 따라 창의 성능 지표는 달라져야 한다. 물론, 산업의 새로운 지표 도입과 적용에는 충분한 산업력과 시험인증 인프라가 전제조건이다.

관주도에서 민간주도로

창 산업의 고도화 역시 관주도 하에 민간 중심으로 전환하는 과정이 필요하다. 강제성을 띤 의무화제도에서 다양한 지표를 모두 획일적으로 규정하는 데는 분명 무리가 있다. 규제

창호 & 유리
Windows & Glass

지금까지 창호 성능의 지표로 삼았던 단열성, 기밀성, 결로성능 외에 환기, 조명, 자연채광, 신재생에너지 융복합 등 다양한 인자에 대해 합리적 대안이 연구될 것이다.

중심으로 강행할 경우에 불합리한 요소와 기형적 산업구조 변화가 생길 수 있다. 대안은 민간을 중심으로 자율적인 성능향상을 이루는 것이다. 주요 선진국이 관 중심으로 창에 대한 제도의 틀을 정하되, 상세 성능은 민간의 자율에 맡기는 것도 그러한 이유에서다. 구체적으로 이를 실행하기 위해서는 제도 운용의 주체가 바뀌어야 한다. 미국의 창 산업과 시장을 실제 주도하는 기관은 정부조직인 에너지부DOE나 정부 연구기관LBNL이 아닌 북미창호협회NFRC다.

40년의 건설역사 속에서 창 산업은 비약적으로 발전했다. 그러나 아쉽게도 2018년에 이르러서야 비로소 창 산업을 대변할 수 있는 한국창호협회가 창립됐다. 건물에서 창이 지닌 의미와 비중을 고려할 때, 늦어도 너무 늦었다. 이제라도 창 산업을 대변하는 협회가 결성된 것은 그나마 다행이며, 패러다임의 전환 시점에서 중요한 의미다. 지금까지 창 산업이 정책과 제도 중심으로 발전했다면 가까운 미래에는 민간이 중심이 되어 자율적으로 산업과 시장을 조정하고 합리적인 규제 속에서 다양하게 진화할 토대가 마련된 것이다. 이러한 배경에서 한국창호협회의 역할과 임무는 매우 중요하다.

창 산업 구조는 매우 복잡하다. 대기업, 중견기업, 중소기업, 영세기업 각각의 이해관계가 다르다. 소재는 PVC, 알루미늄, 복합재료로 세분되어 있고, 산업은 다시 창틀 산업과 유리가공 산업으로 나뉜다. 이를 매트릭스로 분류해 구분하면, 각 산업이 지닌 시장의 이해관계는 쉽게 풀리지 않을 정도로 얽혀있다. 여기에 산업의 한 축을 담당해야 하는 부품 산업, 즉 방충망, 실란트, 개스킷, 경첩, 손잡이 등 세부 산업은 하나의 산업구조로 인정받지 못하고 정책과 기술개발, 표준 등에 있어서도 사각지대에 위치한다. 최근 국내의 창이 선진국의 고성능 창에 근접하는 기술력을 보유했음에도 당당히 세계무대에 나서지 못하는 이유도 이러한 부품산업의 기반이 건실하지 못하기 때문이다. 결국 창 산업의 지속가능한 발전과 진화는 합리화를 기반으로 한 고도화와 세분화를 언제, 어떤 방식으로, 누가 중심축이 되어 추진하냐는 관점으로 모인다.

산업의 트렌드와 미래

실내 환경을 지배하는 창은 친환경과 삶의 질을 추구하는 건설환경에서 매우 중요한 산업이다. 현재 전체 공사비에서 창이 점유하는 비중은 5% 내외다. 하지만 건물에너지에 미치는 영향은 일반적으로 25~40%에 이른다. 에너지를 계산할 때 창을 제외한다는 것은 상상할 수 없다.

1997년 정부 정책과 제도를 종합적으로 정비하는 과정에서 우리나라는 IMF 사태와 글로벌 금융위기를 겪었고, 이는 산업 전반과 특히, 커튼월 산업에 큰 영향을 미쳤다. 많은 중견, 중소기업의 이름이 사라졌다. 여기에 2005년 아파트 발코니 확장의 합법화는 알루미늄창호 시장 구조를 바꿨다. 동네 블록 단위로 존재하던 일명 '샤시 산업'이 일시에 사라졌다. 또한 2012년 창호등급제의 시행으로 기술력은 기업 생존의 필수품목이 되었다.

이제 산업의 지속가능한 발전은 온전한 자율성에 기반을 둘 것으로 예상된다. 산업간 균형적인 발전 역시 다양한 소통과 합리적인 의견 수렴이 전제되어야 한다. 지금까지 관 주도로 이루어낸 속도 중심의 산업 발전은 이제 올바른 방향으로 전환될 필요가 있다. 어찌 보면 협회는 시장에서 상호 경쟁해야 하는 이해관계 당사자의 집단이나, 세계화가 가속화되는 시점에서 산업의 비전 제시와 향후 제도나 정책의 흐름에 있어서 보다 합리적인 고도화와 세분화는 협회를 중심으로 추진되어야 한다. 협회가 몇몇 대기업 중심이 아닌 모든 산업계로 구성되어야 하는 이유다.

현재 지구촌에서 발생하는 모든 정보는 실시간으로 공유된다. 창 산업 역시 4차 산업혁명의 소용돌이에서 예외가 아니다. 기술력을 확보한 강소형 중소기업이 약진할 가능성이 있다. 일례로 기존에 제한된 정보 조건에서 마치 외국의 인증을 받은 창 제품이 몇 배나 비싸게 수입되어 대단한 기술처럼 여겨지던 시절은 적어도 반복해선 안 된다.

창은 한 나라와 한 지역의 건설문화를 가늠하는 척도다. 이미 본래 건축자재의 역할과 기능을 넘어 주거문화 속에 자리 잡고 있는 산업이며, 다양한 첨단 기술이 융복합되는 장(場)이다. 결국 창의 미래는 삶의 질, 즉 인간 중심의 메커니즘 관점과 다양한 산업과 기술의 융복합 관점에서 예측할 수 있다. 지금까지 지표로 삼았던 단열성, 기밀성, 결로성능 외에 환기, 조망, 자연채광, 신재생에너지 융복합 등 다양한 인자에 대해 합리적 대안이 연구될 것이다. 최근 창에 대한 많은 연구개발이 새로운 부가가치 창출이라는 주세 아래에 태양광, 태양열 등 신재생에너지와의 융합에 초점을 두는 것도 같은 이유에서다. 창은 건축자재 가운데 가장 눈부시게 진화하여 왔고, 향후 지속해서 발전할 건설 산업의 신성장 동력이다.

LG하우시스의 솔라블라인드. 블라인드 상부에 태양전지가 들어가 있다.

미래 창호를 고민하다

LG하우시스는 창호뿐 아니라 유리까지 직접 생산하는 전 세계 유일한 회사다. 국내 유일의 창호 연구소를 운영하고 있으며, 연구소의 미래창호팀은 창호의 글로벌 트렌드와 미래 기술에 대해 연구한다. 김종태 연구위원은 LG하우시스에서 30년간 근무하며 국내 창호 기술 개발과 함께 했다. 새로 둥지를 튼 마곡 연구소에서 그를 인터뷰했다. 인터뷰 심영규 인터뷰이 LG하우시스 연구소 미래창호팀 김종태 연구위원

김씨(감): 최근 소비자의 창에 대한 관심이 높아지고 있다. 건축 자재에서 차지하는 비중이 점점 더 커질 것이다. 더 쾌적한 환경에서 더 넓은 면적을 보고 싶기 때문이다. 이에 대해 어떻게 분석하고 대응하나?

김종태(김): 조망에 대한 소비자의 요구뿐 아니라 설계자나 건설사 입장에서도 슬림화가 중요하다. 이에 맞춰 우리도 초슬림제품을 생산했다. PVC창호만으로 안되니 알루미늄과 복합창의 하이브리드 개념으로 한다. 그러나 슬림화에만 집중하진 않는다. 소비자를 대상으로 시장을 분석했을 때 이들은 건설사, 디자이너와 상반되게 대형 거실 창이나 발코니 창틀이 너무 얇으면 불안하다고 답했다. 즉 하나의 트렌드로 개발하는 게 아니라 다양성이 중요하다. 두 번째는 소재에 관한 것이다. 탈 PVC 소재인 유리섬유에 대해서도 연구 중이다.

감: 국내에서 유일하게 창호 연구소를 운영 중이다. 핵심 역할과 주요 업무에 대해 소개해달라.

과거에는 비바람을 막고 환기하고 조망하는 기본 기능에 충실했다면, 최근엔 삶의 질을 향상하고 에너지 절감과 단열뿐만 아니라 사용자 편의성 위주로 창호의 개념이 바뀌고 있다.

김: 과거에는 비바람을 막고 환기하고 조망하는 기본 기능에 충실했다면, 최근엔 삶의 질을 향상하고 에너지 절감과 단열뿐만 아니라 사용자 편의성 위주로 창호의 개념이 바뀌고 있다. 창호 연구소는 지금의 창호를 연구하는 기술팀과 개발팀 그리고 미래를 준비하는 미래창호팀으로 이루어진다. 기술팀은 생산 기술에 관련된 것으로, 소비자의 이의제기에 응대하고, 제품을 개선하는 업무를 한다. 개발팀은 1~2년의 트렌드를 분석해 단기로 제품을 개발하는 반면 미래창호팀은 장기적으로 연구한다.

감: 부분별로 기술개발 트렌드에 대해 상세하게 소개해달라.

김: 에너지 절감과 관련해서는 기존의 패시브 개념에서 자가발전 같은 액티브 개념도 연구 중이다. 한국 아파트는 대부분 남향이라 태양광 패널을 설치할 장소가 많다. 그러나 디자인상 문제가 있다. 이를 해결하기 위해 자체 설계를 하고 있다. 일례로 블라인드 상부에 태양전지가 들어간 솔라블라인드가 있다.

또한 실내 환경과 관련한 미세먼지 이슈도 있다. 기존엔 단순히 미세먼지 차단망을 설치했다면, 자동 환기장치 필터가 들어가 환기창 개념까지 더해질 수 있다. 지금까지 3~4년간 개발해 왔고 2019년 상반기에 출시할 예정이다.

편의성과 사용성은 개폐 방식이다. 지렛대 원리로 큰 창도 쉽게 열리는 이지오픈과 소프트 클로징 하드웨어가 있고, 향후 자동으로 여닫는 제품도 개발 중이다. 안전이나 방범도 중요하다.

개폐 시 알람이 울리거나 외부에 차단장치가 자동으로 내려가는 개념이 있다. 라이프 스타일도 중요하다. 1~2인 가구가 늘고 있는데, 수동적 개념에서 벗어나 창조적인 공간을 창출하려고 한다.

끝으로 디자인인데, 전제 조건은 단창이다. 현재 유리는 삼중복층유리가 기본이다. 창틀은 레일이 올라와 있는데 청소도 힘들다. 레일 자체가 시각적으로 안보이게 하는 연구도 있다. 필요에 따라 자기부상도 가능하다. 색상도 다양해진다. 일반적으로 백색이 전부다. 핵심 기술이 정해지고 나면 제품디자인이 바뀔 것이다.

감: 디자인에서 신경쓰는 부분은 무엇인가?
김: 아시아의 시장은 대체로 비슷하다. 창호 색상은 거의 정해져 있다. 갈색, 녹색, 회색계열에서 벗어나지 못한다. 일본과 중국도 비슷하다. 한국도 가장 많이 팔리는 것은 녹색, 짙은 갈색, 짙은 회색이다. 이유는 건물의 색이 미색계통이 많아서다. 건물은 수명이 길다. 오랫동안 봐야 하기 때문에 너무 튀면 금방 질린다. 반대로 내부색상은 목재무늬 색이 국내에서 인기가 많다. 중국은 백색을 많이 사용한다. 실내 벽을 회백색으로 하기 때문이다.

감: 연구소에서는 기술 개발뿐 아니라 시장과 트렌드도 분석할 것이다. 소비자의 트렌드나 시장은 어떻게 바뀌고 있나?
김: 예전에는 4인 가족 중심의 시장이었으나 현재는 1~2인 가구가 절반 이상이다. 이에 따라 생활습관도 바뀐다. 변화하는 소비자의 라이프 스타일에 맞춰 창을 연구한다. 예를 들면 아파트 평수가 작아졌다. 평수가 작으니 창이 투박하면 답답해 보인다. 이에 얇은 단창과 단열성을 연구한다. 1인당 소득수준이 3만 달러가 넘으면 아파트보다 단독주택을 선호한다. 단독주택 시장에서는 방범과 안전이 중요한 열쇠다.

상가나 사무용 건물은 분할 창을 많이 쓴다. 난간을 두지 않기 때문이다. 분할 창이 본격적으로 시작된 것은 2009년부터인데, 분할 창으로 가면서 슬림화를 요구한다. 분할되면

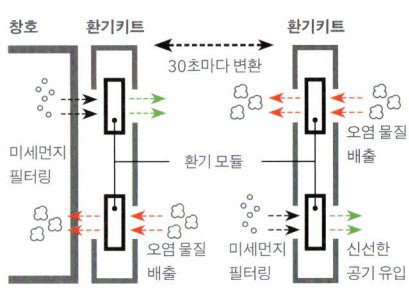

기존엔 단순히 미세먼지 차단망을 설치했다면, 자동 환기장치 필터가 들어가 환기창 개념까지 더해질 수 있다.

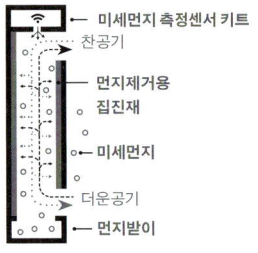

미세먼지 흡착패널 세부

LG하우시스 마곡 연구소 전시장 전경.

창틀이 많기 때문이다. 또한 알루미늄, PVC, 복합창 등 자재를 다양하게 넣는다.

감: 한국의 창호 문화는 서양과 다르다. 독일식 시스템창과 구별되는 '한국형 창호'의 개발 방향에 대해 소개해 달라.

김: 독일의 미세기젖힘 개폐방식은 공간의 활용 측면에서 우리와 맞지 않다. 유럽은 보통 라디에이터 위에 창호를 설치하기 때문에 큰 문제가 없다. 들어미세기도 마찬가지다. 밀폐성 때문에 사용하는데 오히려 그게 단점이 되기도 한다. 완전히 닫혀야 하는데 아파트 문화에서는 귀찮아서 완전히 닫지 않을 때가 많다. 밀폐가 안 되니 바람이 많이 들어온다. 창을 사용하는 습관의 문제다. 우리나라는 여닫이를 쓰지 않는다. 이삿짐도 반출입이 어렵다. 그래서 미세기방식을 사용하며 닫힐 때는 밀폐되는 방식을 연구한다. 이는 미세기와 여닫이를 조합하는 방식으로 기존의 평행미세기창과 다르다. 창이 앞으로 빠지지 않고 레일을 따라 옆으로 이동하는 방식을 개발하고 있다.

김종태 (LG하우시스연구소 미래창호 PJT 연구위원)
1964년생으로 경북대학교 화학공학과를 졸업했다. 창호 연구개발 분야에서 30년간 근무해 오면서 다양한 미세기창과 시스템창 등을 개발했다. 최근에는 스마트 창호 제품(Hidden Display Handle)으로 국내 건자재 업계 최초로 2019년 CES혁신상을 수상했다.

Interview 2

시장의 변화에 따라 진화하다

국내 제조사들은 단순히 해외사의 제품을 들여오는 수준을 넘어 차별화 되는 핵심 기술을 개발하고 있다.
국내 고급 알루미늄창호 시장을 선도하고 있는 이건창호는 최근 진공유리를 개발하고 타사와 차별화를 위해
한식창호와 하이브리드 창호도 새로이 개발 중이다. 인터뷰 심영규 인터뷰이 이건창호 R&D센터 개발2팀 이태헌 팀장

감씨(감): 최근 얇은 창틀이 인기를 끌면서 창호 제작사들이 단창을 만드는 추세다.
이태헌(이): 지금까지 국내에는 두 가지 이슈가 있었다. 외부조망에 대한 소비자와 건축가의 로망 그리고 단열 성능이다. 이 두 가지가 잘 맞아서 프레임리스창이 대세가 됐다. 창은 크게 하면서 창틀을 얇게 만드는 형태이다. 한국은 지진에 대해 안전지대가 아니라 창의 구조에 대한 우려가 크다. 틀이 구조체와 연결되어 잡아주는 역할을 해야 하는데, 유리는 구조체가 아니라 내구성에 문제가 있다. 우리는 최소한의 구조와 내구성을 갖추면서 입면의 높이와 폭, 창틀의 폭을 최대한 작게 조절한다. 조사 결과 소비자는 폭이 35mm 이내인 창틀을 선호한다. 올해 슬림라인을 개발 중인데, 틀과 유리를 일체화해서 유리 모서리 부분의 강성까지 활용할 계획이다.

감: 최근에 개발한 진공 유리가 특징이다.
이: 일본에서 시작한 진공유리는 유리 두 장을 붙여서 봉착한 뒤에 한 면에 구멍hole과 유리 튜브glass tube를 만들고 내부의 공기를 빼내는 배기 과정을 거쳐 진공으로 만든 제품이다. 일반 유리보다 단열 성능이 우수하지만 배기용 유리튜브의 구멍을 막기 위한 구조적인 장치가 노출된다. 이런 '홀 배기'기술이 일본과 중국에서 사용하는 1세대 방식이다. 우리가 개발한 '면 배기' 기술은 다르다. 원천기술은 디스플레이 제조기술에서 가져왔다. 두 장의 유리를 밀폐된 체임버(격실)에 넣고 내부를 450℃까지 가열하면서 통째로 배기한다. 가열과 배기를

진공창호 제작 과정.

동시에 하는데, 장점은 진공도가 높다. 기존엔 2,000×2,400mm가 최대 크기였는데 새로 준비한 설비로는 2,500×2,400mm까지 제작이 가능하다. 또한 내구성을 위해 진공 부분의 두께도 중요한데, 우리가 생산하는 제품은 현재 필러라고 불리는 0.25mm 간격재를 사용한다.

감: 또한 한식 창호 'K시리즈'가 독특하다. 시장의 규모는 작지만 의미가 있다.
이: 순수 한국형 제품으로, 한국예술종합학교 김봉렬 총장과 함께 개발했다. 기존 한옥이나 사찰 같은 전통 가옥은 너무 춥다는 인식이 있다.

(왼쪽부터) 이건하우스 KOLAS 실험실의 체임버 내부 사진과 기밀시험 장비.

성능을 높일 필요가 있어 한옥과 어울리는 전통 목재창호에 시스템창호 기술을 더하여 만들었다. 목재는 겨울과 여름의 수분함량이 달라 변형이 생긴다. 시스템창은 기밀을 유지하기 위해 창틀의 수평 수직이 정확해야 한다. 일반적으로 한옥 수장벽은 90, 120, 150mm 두께인데 그 틀에 맞게 한옥 시스템창을 개발했다. 우리가 만든 한식창은 국내 유일하게 1등급의 단열성능을 구현하고 있다.

감: 다양한 재료가 사용되는 하이브리드 창호나 신소재 창호에 대한 개발도 하고 있다.

이: 하이브리드 창은 국내 건축 규제 때문에 개발된 제품이다. 국내의 건축 자재 단열 규제 기준은 전 세계에서 가장 높다. 주거의 80%가 아파트나 공동주택이고 아파트는 대부분 저렴한 PVC창호를 사용한다. 하이브리드 창은 강남권, 고급아파트 재개발단지에서 사용하기 위해 만들어졌다. 외부는 알루미늄 시스템창을 사용해 미려하고 내부는 PVC를 적용하여 단열 성능을 높인다. PVC시스템창의 경우에는, 구조 보강을 위해 내부에 삽입되는 철제 보강재 대신 열전도가 낮은 신소재 FRP 보강재를 개발, 적용하여 단열 성능을 더욱 높였다.

앞으로 기존의 PVC이중창은 경쟁력이 없어질 것이다. 단열 성능을 극대화한 시스템단창으로 계속 차별화를 시도할 것이다. 또한 프레임리스 요구에 맞추기 위해 창의 입면 높이와 창틀 폭을 줄이는 방향으로 제품 개발을 진행하고 있다. 경쟁사의 제품이 보통 250~300mm인데, 200mm 이하로 줄이려고 한다. 우리는 진공유리라는 강점도 있다.

감: 미래의 창호와 해외 창호 회사들의 기술 개발 이슈는?

이: 창틀 기술은 이제 어느 정도 숙성이 됐다. 라이프 사이클로 치면 하락 단계다. 반면 유리는 기술개발의 여지가 많다. 유리업체가 창틀까지, 창틀업체가 유리까지 개발하고 제작하면서 하나의 완성창 제품을 제작하는 게 전 세계적인 추세다. 그리고 창틀을 최소화하여 가시성을 극대화한 프레임리스창

2세대 배기과정을 거쳐 만든 이건창호의 진공유리.

이건창호의 K시리즈. 한옥과 어울리는 전통 목재창호에 시스템창호 기술을 더하여 만들었다. 사진은 경원제 호텔에 적용한 모습.

또는 미니멀윈도우minimal windows가 유럽과 북미 시장에서 계속 성장하고 있다. 그 밖에도 스카이프레임Sky-frame, 켈러Keller, 솔라룩스Solarlux, 파노라마Panoramah, 비트룩사Vitrocsa 등이 있다.

창의 역할은 단열 성능뿐 아니라 기밀성이 좋아야 한다. 유럽에서는 주택의 실내 열쾌적도thermal comfort라는 것을 평가한다. 창호의 경우 단열 성능이 낮아 창의 표면온도와 실내온도 차이가 크거나, 창으로부터 외풍이 있으면 열쾌적도가 낮아진다. 국내 건축에서는 단열성능 외에 건축 자재의 기밀성에 대해선 세밀한 기준이 없다. 특히 PVC이중창과 같은 미세기창의 기밀재인 모헤어는 시간이 지날수록 성능이 현저히 떨어진다. 결국 미세기에서 미세기젖힘, 평행미세기 같은 시스템창으로 바뀌어야 한다.

끝으로 최근 공기 질 문제가 이슈다. 공기청정기는 실내의 미세먼지와 오염물질을 걸러준다. 그러나 실내 이산화탄소를 산소로 바꿔주지는 못한다. 미세먼지를 거르고 이산화탄소를 교환하는 창을 개발 중이다.

이태헌 (이건창호 R&D센터 개발2팀 팀장)
2003년 입사해 연구소 신사업팀에서 홈네트워크 연계형 자동창 태양광 관련 창호제품(BIPV)을 개발했다. 2010년부터 PSS 185 L/S, PWS 70 T/T 등 PVC시스템창과 공동주택용 PVC일반창, 고단열 FRP 보강재 등 소재 개발을 진행했다.

4
SUPPLEMENT

ⓒ이한울

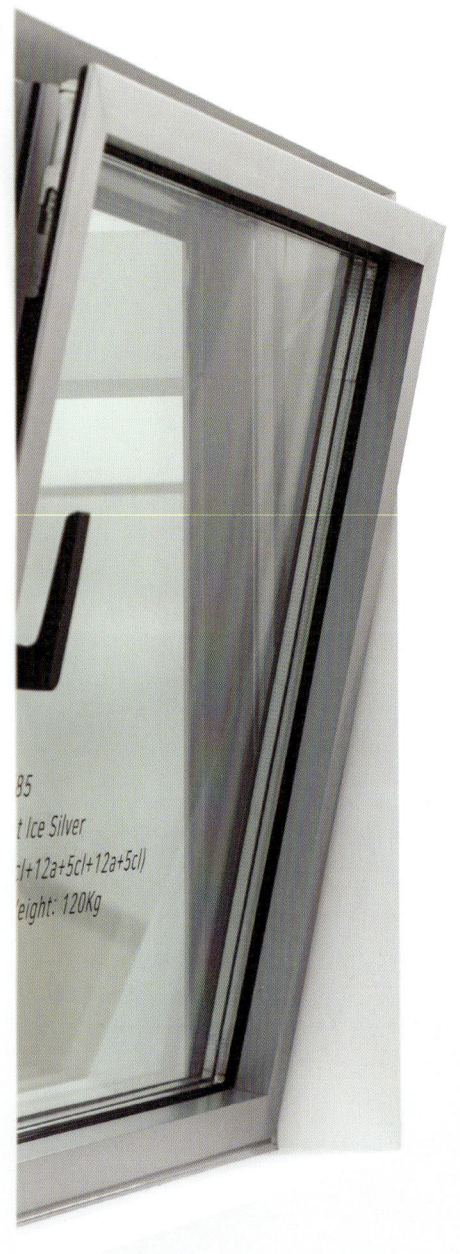

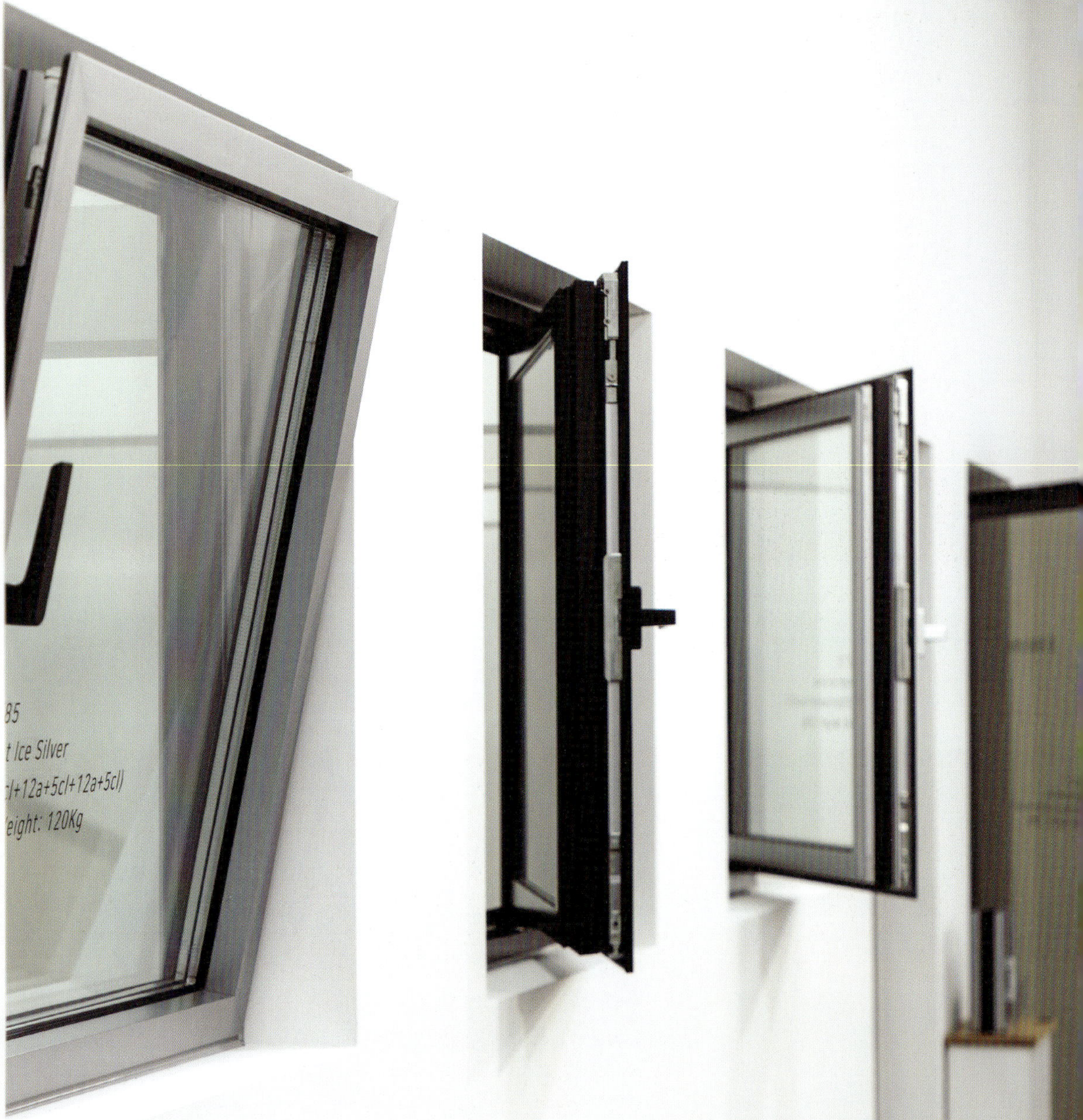

보고 만지고 경험하는 창호

창호 제품은 소재와 개폐 방식에 따라 종류가 다양하다. 제조사마다 사용하는 하드웨어나 마감 방법 그리고 디자인이 다르므로 전시장을 방문해 꼼꼼하게 살펴보는 것이 좋다. 국내의 창호 업체는 전시장을 운영하며 새로 출시한 제품을 선보이거나 교육, 세미나 등 다양한 용도로 활용한다. 대표적인 창호 전시장 두 곳과 새로 전시장을 공개한 두 곳을 방문했다.

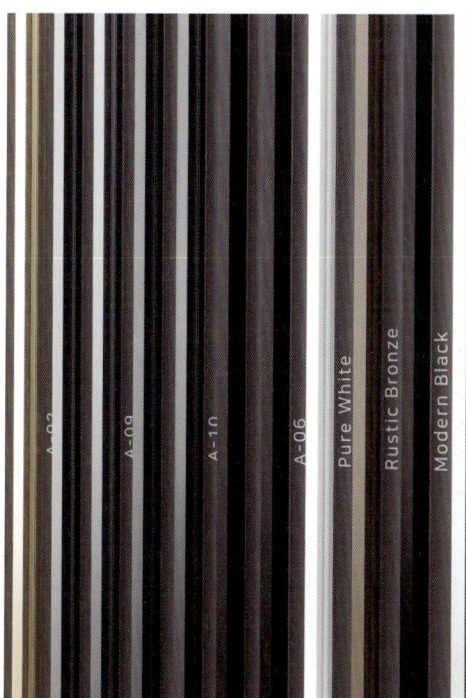

**국내 유일의
파노라마창호 전시장**

위드지스
강남 전시장

올해 1월 문을 연 강남구 논현동 위드지스 전시장에서는 창틀 폭 21mm의 파노라마 시스템 제품을 볼 수 있다. 전시장은 1개 층으로 면적은 그리 넓지 않으나 위드지스의 주력 제품을 모두 볼 수 있다. 중앙 홀에는 다양한 형태의 손잡이와 색상 샘플이 전시되어 있다. 손잡이는 직각 형태의 L 타입과 둥근 U 타입, 살짝 각 진 H 타입 등이 있고 알루미늄 창틀은 퓨어 화이트, 러스틱 브론즈, 모던 블랙, 브라이트 아이스 실버, 메트로 브론즈 등의 색상이 있다. 눈길을 끄는 것은 원터치 버튼으로 열리는 자동문과 손잡이에 달린 번호로 간단히 잠그고 여는 제품이다.

WS 189는 들어미세기 제품으로 6,500×2,450mm의 대형 창호와 4,000×3,200mm, 2,100×2,100mm 제품이 시공되어 있어 하드웨어까지 꼼꼼하게 볼 수 있다. 안쪽에는 WP 146 파노라마 시스템이 설치되어 있는데, 창틀 양쪽의 폭은 48mm, 중앙부는 21mm밖에 되지 않는다. 최대 3,000×3,500mm까지 설치 가능한데 제품 무게만 500kg이 넘는다. 제품 하단엔 레일이 10mm 단위로 촘촘히 박혀 있다. 원터치 버튼을 누르면 전동식으로 개폐하는데 이때 창틀의 상부와 하부를 매립형으로 설계하면 말 그대로 '프레임리스'를 만들 수 있다. 이때 하부에 우수관을 설치해야 빗물을 배출할 수 있다.

바로 인근에 중문 전시장이 있어 함께 둘러볼 수 있다. 모든 제품은 10년 동안 본사에서 직접 A/S를 제공하고 설치 후 6개월 이내에 점검도 한다.

강남 전시장	서울특별시 강남구 논현로 654, 1층
부산 전시장	부산광역시 해운대구 센텀동로 71
인천공장 및 전시장	인천광역시 서구 원창동 393-139

**포천 창호 단지를
방문하다**

에스알팬스터
전시장

서울 시내에서 자동차로 1시간 정도 달리면 경기도 포천시 군내면 상성북리에 도착한다. 이곳은 포천 창호 단지로 20여 개의 창호 관련 업체가 모여있다. LG하우시스, KCC, 한글라스 같은 국내업체뿐 아니라 독일 케멀링사의 제품을 조립하는 엔섬, 살라만더와 게알란 제품을 조립하는 에스알팬스터, 그리고 프로클리마, 베카 등 다양한 독일 브랜드 생산시설까지 모두 한 자리에서 만나볼 수 있다.

최근에 확장한 에스알팬스터는 본사 1층에 전시장이 마련되어 있다. 1층에 들어서면 오른쪽에는 게알란 제품과 왼쪽에는 살라만더 제품, 정면엔 각종 도어가 전시되어 있다. 한쪽엔 독일 기밀자재브랜드인 하노Haano의 우레탄폼과 팽창테이프, 기밀테이프가 전시되어 있다. 그중 기밀테이프는 투습과 방수 기능을 동시에 가지고 있고 내·외부제품이 별도로 없어 하나의 제품만 사용해 편리하다.

전시장 오른쪽에는 양쪽 문을 모두 열 수 있는 양개형(턴앤틸트) 시스템창호 제품이 있다. 크게 환기가 필요한 부엌이나 거실에 적합하다. 컴포트형 시스템창호는 손잡이가 아래에 설치되어 있어 장애인이나 어린이도 사용할 수 있도록 만든 제품이다. 가장 인기 있는 제품은 블루에볼루션82로, 열관류율이 0.98이다. 프로파일 폭은 82mm이고, 두께는 73mm와 153mm 두 가지다. 외부에서 창틀이 보이지 않는 히든벤트와 평행미세기 제품도 직접 만져보고 상담받을 수 있다.

전시장 오른 편의 벽에는 하드웨어 제조업체인 마코사의 제품을 전시했다. 개폐 방식에 따라 다섯 가지 제품에 각기 다른 하드웨어를 사용하는 방식을 한눈에 비교해서 보는 것이 가능하다.

건축을
경험하고 배우다

이건하우스

서울 마포구 서교동에 있는 이건하우스는 이건창호가 직접 운영하는 본사 직영 브랜드 전시장으로 2017년 1월 문을 열었다. 2개층, 연면적 약 600m² 규모로 창호뿐 아니라 마루, 중문 등 이건창호와 이건산업에서 생산하는 건축자재를 실제 시공된 모습으로 한 공간에서 만나볼 수 있다(감06 바닥재, p.135 참고).

　1층엔 거실과 안방 등 공간으로 연출한 쇼룸과 갤러리, 2층엔 창호 샘플을 전시한 공간과 회의실, 강연장이 있다. 이곳에서 종종 건축·자재 관련 전시나 세미나를 운영한다. 건축가나 자재 관련 업체, 건축주의 네트워킹 공간으로 활용하는 일종의 복합문화공간으로 교양 강의도 무료로 마련하고 있다. 최근 내집 짓기에 대한 관심이 높아지면서 건축 관련 종사자를 대상으로만 진행됐던 세미나를 확장해 집짓기를 계획 중인 예비 건축주들을 대상으로 교육을 하고 있다. 건축 투어 프로그램인 '이건 오픈하우스'는 완공된 단독주택을 방문해 이건창호 제품을 직접 둘러보고, 주택을 설계한 건축가와 인테리어디자이너와 질의응답을 나누며 제품과 집짓기에 대해 배울 수 있다.

주소	서울특별시 마포구 동교로 161 이건하우스
운영시간	화요일~금요일, 오전 10시~오후 7시
전화번호	1522-1271
홈페이지	eagoninterior.com

보고 만지고 느끼는
창호

LG하우시스 지인스퀘어

LG하우시스는 본사가 운영하는 전국 19곳의 지인 전시장이 있다. 2017년 8월 리뉴얼을 마친 논현동의 지인스퀘어는 전시장 중에서 가장 면적이 크다. 연면적 1,690m² 규모로 3개 층이다. 1층은 거실, 주방, 침실, 아이 방으로 구성돼 있고, 2층은 자재 라이브러리로 제품별 특성과 실제 시공 사례에 대한 상담이 가능하다. 3층은 커뮤니티 공간으로 세미나나 건자재나 건축 관련 강연 등이 열린다.

    2층 전시장에서는 LG하우시스에서 생산하는 다양한 제품을 직접 만져보고 열어볼 수 있다. 지렛대 원리를 이용한 이지 오픈 기술을 적용하고, 손잡이 역시 인테리어에 맞춰 금색과 흰색, 은색 등으로 고를 수 있다. 또한 최상급 라인인 수퍼세이브 7의 단창인 S7-145과 이중창 S7-255 제품을 볼 수 있다. 하부 레일에 덮개를 씌워 오염을 줄이고 알루미늄레일은 마찰력을 줄여 큰 힘을 들이지 않고 소음없이 개폐할 수 있다.

주소	서울특별시 강남구 학동로 134 1~3층
운영시간	화요일~일요일, 오전 10시 30분~오후 7시 30분
전화번호	02-6910-9200
홈페이지	www.lghausys.co.kr

창호 제작사가 추천하는 대리점

창호 대리점은 단순히 제품을 판매하는 장소가 아니라 소비자를 가장 먼저 만나며 설치와 철거뿐 아니라 A/S를 맡고 최신 제품을 접할 수 있는 곳이다. 국내 대표 창호 제작사인 LG하우시스, 이건창호, 현대 L&C가 추천하는 대리점과 전시장을 소개한다.

LG하우시스 지인전시장

❶ 강남점
주소	서울특별시 강남구 학동로 134, 지인스퀘어 3층
연락처	02-6910-9202

❷ 성북점
주소	서울특별시 성북구 동소문로 89 보미리즌빌 1층
연락처	02-6713-2890

❸ 송파점
주소	서울특별시 송파구 백제고분로 502
연락처	02-2138-6410

❹ 목동점
주소	서울특별시 양천구 목동동로 377 유니아나빌딩 2층
연락처	02-2655-1150

❺ 일산점
주소	경기도 고양시 일산서구 중앙로 1542, 1층 LG하우시스
연락처	031-8073-8970

❻ 부천점
주소	경기도 부천시 길주로 347 (1층-전시장, 305호-사무실)
연락처	032-329-0100

❼ 분당점
주소	경기도 성남시 분당구 성남대로779번길 18, 1층
연락처	031-697-0460~1

❽ 수원점
주소	경기도 수원시 영통구 중부대로447번길 9 성민프라자 1층
연락처	031-8019-5230~1

❾ 평촌점
주소	경기도 안양시 동안구 전파로 126 W타워 1층
연락처	031-689-4545

❿ 인천점
주소	인천광역시 연수구 청능대로 210 스퀘어원 3층
연락처	032-818-9601~5

⓫ 원주점
주소	강원도 원주시 로아노크로 57
연락처	033-813-9405

⓬ 천안점
주소	충청남도 천안시 서북구 쌍용대로 71
연락처	041-414-5231

⓭ 대전점
주소	대전광역시 서구 문정로 6 국민연금공단 1층
연락처	042-710-8711

⓮ 광주점
주소	광주광역시 서구 죽봉대로 66, 1층
연락처	062-716-5340

⓯ 전주점
주소	전라북도 전주시 완산구 세내로 257
연락처	063-714-2402

⓰ 창원점
주소	경상남도 창원시 성산구 중앙대로 84길 3 범한빌딩
연락처	055-275-0992

⓱ 대구점
주소	대구광역시 동구 동부로22길 2, 2층
연락처	053-710-9260

⓲ 울산점
주소	울산광역시 남구 삼산로 37 이든바인하츠 2층
연락처	052-700-7022

⓳ 부산진구점
주소	부산광역시 부산진구 가야대로 450 금강펜테리움 더스퀘어 1층 109호
연락처	051-710-6881~5

⓴ 해운대점
주소	부산광역시 해운대구 해운대로 601 에이치스위트 A동 1층
연락처	051-714-1050

이건창호에서 추천하는 대리점

❶ 태화인터내셔널㈜ (강남브랜드전시장)
주소	서울특별시 강남구 도산대로 233
연락처	02-3448-9395

❷ ㈜나노엔지니어링 (강동브랜드전시장)
주소	서울특별시 강동구 천호대로 1153, 2층
연락처	02-471-5500

❸ ㈜포스트윈도우
주소	서울특별시 강서구 곰달래로60길 41
연락처	02-517-6519

❹ GP토탈시스템 (서초브랜드전시장)
주소	서울특별시 서초구 식유촌길 79
연락처	02-3446-8583

❺ 신성시스템창호
주소	서울특별시 송파구 양재대로 1222 올림픽선수촌아파트 중앙상가 208호
연락처	02-430-0006

❻ ㈜화인엔지니어링 (일산브랜드전시장)
주소	경기도 고양시 일산동구 일산로 416 대일빌딩 2층
연락처	031-905-5357

❼ 주식회사 이지파트너쓰 (김포브랜드전시장)
주소	경기도 김포시 사우동 139-3
연락처	031-987-2104

❽ 주식회사 위드네이처
주소	경기도 성남시 분당구 이매로 119
연락처	031-702-9923

❾ 제일시스템
주소	경기도 안양시 동안구 관악대로 408 2층
연락처	

❿ 태영알미늄
주소	경기도 양평군 양평읍 양근로345번길 24
연락처	031-771-3167

⓫ ㈜영디자인
주소	경기도 수원시 영통구 영통로136 센트럴타워 501호
연락처	031-203-4066

⓬ ㈜하나로창호
주소	강원도 강릉시 남부로 160
연락처	033-647-9777

⓭ 시스템하우스
주소	대구광역시 남구 앞산순환로 393
연락처	053-741-9545

⓮ ㈜한국창호시스템 (여수브랜드전시장)
주소	전라남도 여수시 쌍봉로 158번지
연락처	061-651-1000

⓯ (유)열린산업 (전주브랜드전시장)
주소	전라북도 전주시 완산구 유연로290
연락처	063-272-5341

⓰ ㈜윈텍시스템 (광주브랜드전시장)
주소	광주광역시 상무대로 1040 윈텍빌딩 4층 윈텍시스템
연락처	062-226-2060

⓱ 주식회사 창문 (부산브랜드전시장)
주소	부산광역시 남구 수영로 30-1 세종빌딩 2층
연락처	051-637-2071

⓲ ㈜창작시스템 (제주브랜드전시장)
주소	제주특별자치도 제주시 연삼로 793
연락처	064-900-2572

현대L&C에서 추천하는 대리점

❶ 현대한화샤시산업
주소	서울특별시 구로구 경인로 43
연락처	02-2689-7332

❷ 현대그린창호
주소	서울특별시 강서구 허준로 121
연락처	02-2684-4577

❸ 현대에코홈샤시
주소	서울특별시 은평구 증산로21길 8-8
연락처	02-304-1123

❹ 대일건축자재
주소	서울특별시 동작구 상도로 15
연락처	02-817-6006

❺ 현대하우시스
주소	경기도 고양시 덕양구 현천동 98-3
연락처	031-971-0025

❻ 현대엘앤씨창호
주소	경기도 부천시 오정구 오정로 302
연락처	02-3663-6655

❼ 큐윈도우 안양점
주소	경기도 안양시 동안구 평촌대로239
연락처	031-388-8413

❽ 큐하우스 부천점
주소	인천광역시 연수구 인천타워대로323
연락처	032-324-3425

❾ 현대창호
주소	충청남도 금산군 추부면 추풍로 202
연락처	041-752-7551

❿ 한화한성시스템
주소	대전광역시 중구 대둔산로137번길 37
연락처	042-586-1555

⓫ 윈도우마스타
주소	대전광역시 서구 원매노길 22
연락처	042-541-0091

⓬ 오버클래스
주소	대구광역시 남구 희망로1길 8-4
연락처	053-474-9909

⓭ 그룹에이치
주소	대구광역시 달서구 새동네로 107
연락처	1522-7410

⓮ 지인씨앤씨
주소	광주광역시 서구 내방로 235
연락처	062-385-5833

⓯ 임마누엘
주소	광주광역시 광산구 어등대로648번안길 47
연락처	062-941-8280

⓰ 자운시스템윈도우
주소	전라남도 순천시 왕지3길 4-79
연락처	061-725-7589

⓱ 한솔창호건설
주소	경상북도 포항시 북구 흥해읍 삼흥로 502번길 83-12
연락처	054-281-7720

⓲ 하나시스템
주소	경상남도 김해시 상동면 동북로437번길 83-23
연락처	055-314-1978

⓳ 한라건업
주소	제주특별자치도 제주시 애월읍 광령2리 2772-2번지
연락처	064-711-4704

참고자료

단행본
- 조준현, 조민석.『건축재료학』. 기문당, 2017.
- Allen Edward, Iano Joseph.『건축설계자를 위한 건축시공 및 재료학』. 이한승(역). 시공문화사, 2010.

웹사이트
- 아키데이터 www.archidata.co.kr
- LG하우시스 www.lghausys.co.kr
- 이건창호 www.eagon.com
- 한국패시브건축협회 www.phiko.kr
- 현대L&C www.hyundailnc.com